Meike Heekerens

Walderlebnisse mit Kindern

Rund um den Nationalpark Schwarzwald

36 Entdeckertouren zwischen Baden-Baden und Freudenstadt

seitenweise

Gestaltung: punktgenau GmbH, 77815 Bühl
Druck und buchbinderische Verarbeitung: Kohlhammer Druck, 70329 Stuttgart
Printed in Germany

Bibliografische Information der Deutschen Bibliothek:
Die Deutsche Bibliothek verzeichnet diese Publikation in der Deutschen Nationalbibliografie; detaillierte bibliografische Daten sind im Internet über https://www.dnb.de abrufbar.

Diese Publikation wurde auf zertifiziertem FSC-Papier aus nachhaltiger Forstwirtschaft sowie klimaneutral gedruckt.

MIX
Papier aus verantwortungsvollen Quellen
FSC® C016267
FSC www.fsc.org

Der Ausgleichsbetrag für die CO_2-Kompensation fließt in die Unterstützung eines zertifizierten Klimaschutzprojektes. Nähere Informationen zum Waldschutzprojekt Pará in Brasilien erhalten Sie unter www.climatepartner.com, wenn Sie die ID: 12585-2005-1004 eingeben.

Klimaneutral
Druckprodukt
ClimatePartner.com/12585-2005-1004

Deutsche Erstausgabe
2., aktualisierte und überarbeitete Auflage 2020

www.seitenweise-verlag.de
ISBN 978-3-943874-34-1

Inhaltsverzeichnis

Vorwort

Seit Anfang 2014 gibt es auch in Baden-Württemberg einen Nationalpark. Im Moment gerade einmal etwas mehr als zehn Hektar groß, liegt er – vorerst zweigeteilt in einen kleineren nördlichen und einen größeren südlichen Teil – am Hauptkamm des Nordschwarzwalds zwischen Baden-Baden und Baiersbronn. In diesem Schutzraum soll die Natur wieder die Oberhand gegenüber den Eingriffen des Menschen gewinnen – damit auch unsere Kinder und ihre Nachkommen echte Natur und einen ursprünglichen Wald erleben können.

Im Gebiet des Nationalparks und darum herum gibt es unzählige schöne Plätze und idyllische Orte zu entdecken. Wir haben einige besonders für Familien mit Kindern geeignete Entdeckertouren ausgesucht: kindgerechte Erlebnispfade und Themenwege, schöne Wasserstellen zum Planschen, Burgen und Türme sowie Felsen zum Klettern und einige Tiergehege. Dabei ist einleuchtend, dass sich die meistens von Kommunen und Kreisen eingerichteten Wege und Pfade nicht im staatlichen Nationalparkgebiet, sondern in den Gemeindewäldern rund um die betreffenden Orte befinden.

Wer mit Kindern auf Entdeckertour geht, sollte sich absichern: Deshalb gibt es genaue Anfahrts- und Wegbeschreibungen für die Walderlebnisse sowie die Checklisten im hinteren Buchteil. Als Erwachsener sollte man sich außerdem Folgendes klarmachen: Kinder wollen nicht nur wandern, sie wollen die Natur *erleben*! Kinder gucken, staunen, riechen, hören, halten Hände oder Füße ins Wasser, befühlen Baumrinde oder Moos und suchen Stöcke oder Tannenzapfen. Sie machen es genau richtig: der Weg ist das Ziel! Auch viele Erwachsene können bei diesen Walderlebnissen also etwas lernen – nicht nur Wissenswertes rund ums Thema Wald, sondern auch die Muße, die Natur und ihre Schätze zu erleben und zu genießen.

Themenweg | Erlebnispfad | Spaß am Wasser

Ein paar allgemeine Tipps, wie das Walderlebnis ein Erfolg wird:

- Starten Sie morgens früh genug, damit Zeit keine Rolle spielt. Ein zügiger Wanderer schafft durchschnittlich vier Stundenkilometer – Wald-Entdecker benötigen oftmals das Vierfache der Zeit!
- Bleiben Sie geduldig. Treiben Sie Ihre Kinder nur im Notfall zur Eile an – das macht die Stimmung kaputt!
- Sorgen Sie dafür, dass alle gutes Schuhwerk und geeignete und ausreichende Kleidung haben!
- Beziehen Sie die Kinder bei der Planung der Tour mit ein. Besprechen Sie die Tour und ihre Besonderheiten vorher gemeinsam!
- Schmale Pfade – egal wie anstrengend sie sein mögen – sind für Kinder immer interessanter als breite Waldwege. Halten Sie für „langweilige" Streckenabschnitte Rätselfragen oder kleine Spiele bereit – einige finden Sie hier im Buch!
- Steile Pfade sind oft hoch einfacher zu bewältigen als runter – nehmen Sie sich Zeit!
- Legen Sie unterwegs genügend Pausen ein: lieber öfter eine kleine Rast als nur eine große. Kinder regenerieren schnell – und wenn die Eltern im Gasthof „pausieren", toben die Kleinen meist herum statt auszuruhen!

Zum Schluss: Wald ist Natur – und Natur ist im Wandel. Es können sich vor Ort Veränderungen gegenüber unseren Beschreibungen ergeben. Dafür können wir keine Haftung übernehmen. Wenn Sie Fehler oder Abweichungen feststellen, freuen wir uns sehr über eine kurze Nachricht an den Verlag unter info@seitenweise-verlag.de.

Wir wünschen den „Großen" und den „Kleinen" tolle Walderlebnisse und spannende Entdeckertouren in unserem Nordschwarzwald!

Frühjahr 2020
Meike Heekerens

Tiergehege | Burgen und Türme | Kletterfelsen

3 km ab 5 Jahren

Baden-Badens Burgruine und die Battertfelsen

Das Schloss Hohenbaden mit seinen vielen Winkeln, Treppen und Nischen lädt Klein und Groß zu einer ausgiebigen Erkundung ein. Von hoch oben hat man eine gute Sicht auf Baden-Baden, die Rheinebene und in Richtung Nationalpark – und hier oben hängt auch die berühmte Windharfe. Am Eingang der Burganlage befindet sich ein Restaurant mit einer geschützten Terrasse, doch vor der Einkehr wartet der kurzweilige Battert-Rundweg auf seine Entdecker.

Der Battert ist das größte und eindrucksvollste Felsmassiv des Nordschwarzwaldes. Der etwa 1 km lange Felsriegel kann auf einem gut beschilderten Weg (roter Kreis) umrundet werden. Seit dem Ende des 19. Jh. sind die Felsen ein beliebtes Kletterziel; in den 1980er Jahren wurde die Gegend zum Naturschutzgebiet, denn an den Steilhängen gibt es naturnahe Wälder und in den Blockhalden am Fuß der Felswände leben seltene Tiere und Pflanzen. Auf Infotafeln wird dieser besondere Lebensraum näher vorgestellt.

Info

Startpunkt: Wanderparkplatz „Hohenbaden" am Alten Schloss

GPS: 48° 46' 35" N / 008° 14' 35" O

Anfahrt: Mit dem Pkw: Von Baden-Oos (B 500), eingangs Baden-Baden der Beschilderung „Ebersteinburg" und „Altes Schloss" folgen. Oder über die kleine Straße von Rastatt nach Ebersteinburg (K 9602), in Ebersteinburg rechts der Beschilderung „Altes Schloss" folgen.

Mit Bus und Bahn kommt man leider nicht zum Alten Schloss.

Infos: Das Restaurant hat von 11:30 bis 22 Uhr geöffnet; Mo. Ruhetag. Weitere Infos unter www.fidelitas-baden.de oder Tel. 07221 2815250.

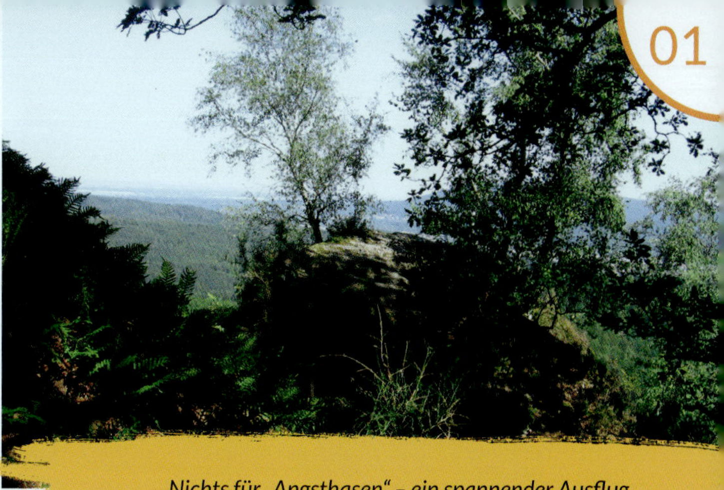

Nichts für „Angsthasen" – ein spannender Ausflug in die Welt der Türme und Felsen!

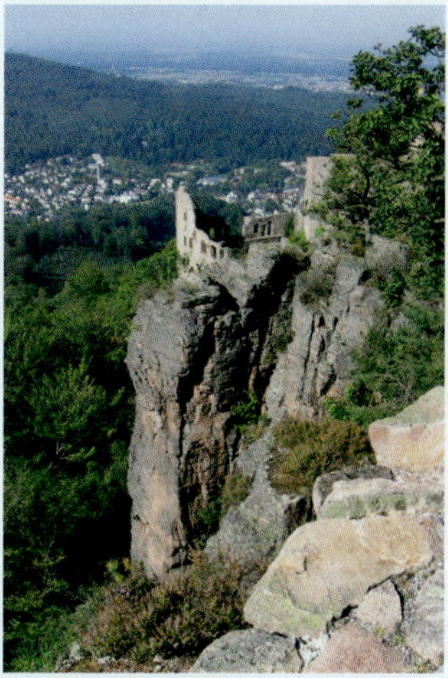

Durch die Burganlage hindurch geht es aufwärts dem Hinweis „Auf die Felsen" folgend auf das Battert-Massiv zu der „Ritterplatte", dem höchsten Punkt der Tour. Über Stock und Stein geht es nun mit Abstechern zu Felsplateaus mit tollen Ausblicken und in schmale Spalten. Ein kleiner Abstieg führt zur „Felsenbrücke" in die „Badener Wand". Dem „Oberen Felsenweg" weiter folgend kommt man zur „Unteren Batterthütte", dem Wendepunkt der Tour. Rechts abbiegend geht es über den „Unteren Felsenweg" mit seinen Schautafeln zurück zum Schloss Hohenbaden.

Achtung: Trockenes Wetter, starke Nerven, Trittsicherheit und gute Schuhe sind Voraussetzung für diese Entdeckertour!

5 km · ab 4 Jahren

Das Wildgehege an Baden-Badens Merkur

Der Hausberg Baden-Badens ist ein beliebtes Ausflugsziel. Die „Merkurbahn", der begehbare Turm sowie Spiel- und Freizeitmöglichkeiten locken viele Besucher an. Das in der Nähe der Talstation der Bergbahn gelegene Wildgehege ist ein weniger bekanntes, doch mindestens ebenso lohnendes Ziel. Es geht durch den prachtvollen Mischwald Baden-Badens, der zu allen Jahreszeiten seinen Reiz hat. In den großen Gehegen können verschiedene Wildfamilien, wie Rotwild, Damwild, Muffelwild und Schwarzwild, beobachtet werden. Durch die naturnahen Gehege zeigen die

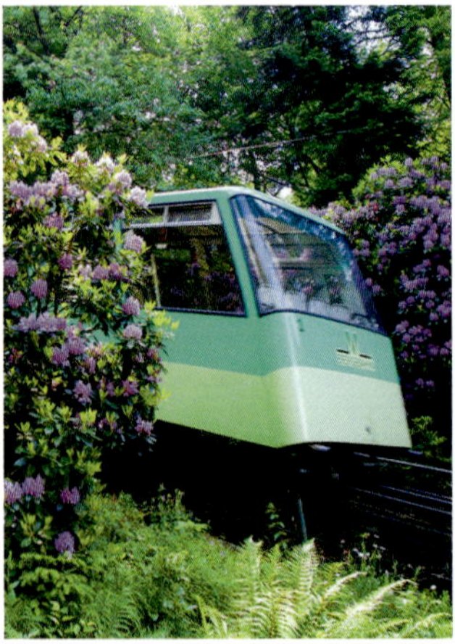

Info

Startpunkt: Wanderparkplatz oberhalb der Straße, kurz vor der Talstation der „Merkurbahn"

GPS: 48° 45' 46" N / 008° 15' 51" O

Anfahrt: Mit dem Pkw: in Baden-Baden auf die B 500, im Tunnel die Ausfahrt „Centrum/Congress" nehmen, links in die Lichtenthaler Straße, nach 150 m rechts in die Friedhofstraße einbiegen. Nach etwa 1 km in die Markgrafenstraße und ganz durch bis zur Talstation (ist gut ausgeschildert).

Mit Bus und Bahn: Baden-Badens Buslinien 204 und 205 fahren die Haltestelle „Merkurwald" an der Talstation an.

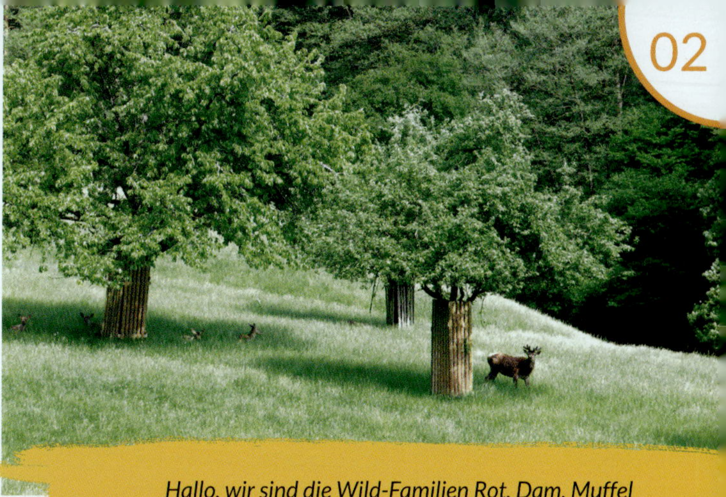

Hallo, wir sind die Wild-Familien Rot, Dam, Muffel und Schwarz. Schön, euch zu sehen!

Tiere ein natürliches und artgerechtes Verhalten – besonders spannend zur Brunftzeit im Herbst. Eine Wiese mit Wassertretbecken rundet diese Entdeckertour ab.

Am Wanderparkplatz steht eine Infotafel über das Wildgehege und die Route ist mit einem violetten Ring ausgeschildert. Zunächst geht es auf breitem Weg bergan gut 500 m zum Wildgehege. Hier führt der Rundweg etwa 3,5 km um die Gehege herum, an zwei Aussichtsplattformen hat man besonders gute Sicht. Auf dem Rückweg zum Parkplatz lockt eine große abschüssige Spiel- und Liegewiese mit Hütte und einem kleinen Bächlein. Am rechten unteren Rand der Wiese befindet sich außerdem ein schattig gelegenes Wassertretbecken für besonders heiße Tage!

Wusstet ihr schon, dass das Reh nicht die Frau vom Hirsch ist?

Tipp

Das Wildgehege lässt sich auch mit einem Besuch des Merkurgipfels verbinden: mit der Bergbahn hinauf und auf einer gut 4 km langen Route (nicht barrierefrei!) zu Fuß am Gehege vorbei zurück zur Talstation.

Auf der Infotafel an der Talstation werden mehrere Rundwege aufgeführt. U. a. gibt es einen knapp 5 km langen Naturlehrpfad mit 23 Stationen; die hierfür notwendige Broschüre erhält man gegen eine Schutzgebühr in der Talstation.

3 km ab 4 Jahren

Geroldsauer Wasserfall

Idyllisch geht es am Grobbach zu, der munter über kleinere und größere Felsen zu Tal springt. An vielen Stellen ist das Wasser seicht und verlockt an heißen Sommertagen zu herrlichen Wasserspielen. Sandbänke und flache Felsplatten bieten viele Planschmöglichkeiten. Im Mai blühen hier verwilderte Rhododendren und auch sonst wirkt das Tal mit seinem üppigen Bewuchs märchenhaft und verwunschen. Die Luft ist hier auch an heißen oder schwülen Tagen angenehm frisch. Auf der Hälfte des Rundwegs lädt der „Waldgasthof Bütthof" zu einer Einkehr.

Der Wasserfallweg ist gut ausgeschildert und zusätzlich mit einem blauen Ring gekennzeichnet. Wir empfehlen, ihn entgegen der Beschilderung zu laufen (dazu besonders auf die „blauen Ringe" achten!). So hat man das langweiligere Waldstück am Beginn und kann sich auf dem Rückweg am Bach die schönste Spielstelle suchen.

Am hinteren Ende des Wanderparkplatzes geht es also rechts etwas aufwärts durch den Wald. Auf dem breiten Waldweg hält man

Info

Startpunkt: Wanderparkplatz „Bütthof" an der B 500 bei Geroldsau

GPS: 48° 43' 16" N / 008° 14' 32" O

Anfahrt: Mit dem Pkw: Von Baden-Baden der Ausschilderung zur B 500 Rcht. Schwarzwaldhochstraße/Freudenstadt folgen. Etwa 500 m südlich vom Ortsende Geroldsau – gegenüber von Malschbach – liegt auf der linken Straßenseite der Wanderparkplatz.

Mit Bus und Bahn: Von Baden-Baden fährt die Linie 204 bis zur Endstation „Malschbach", etwa 100 m unterhalb vom Wanderparkplatz.

Infos: Von Mai bis Oktober hat der „Waldgasthof Bütthof" geöffnet, Mo. + Di. Ruhetag. Infos unter www.bütthof.de oder Tel. 07221 73747.

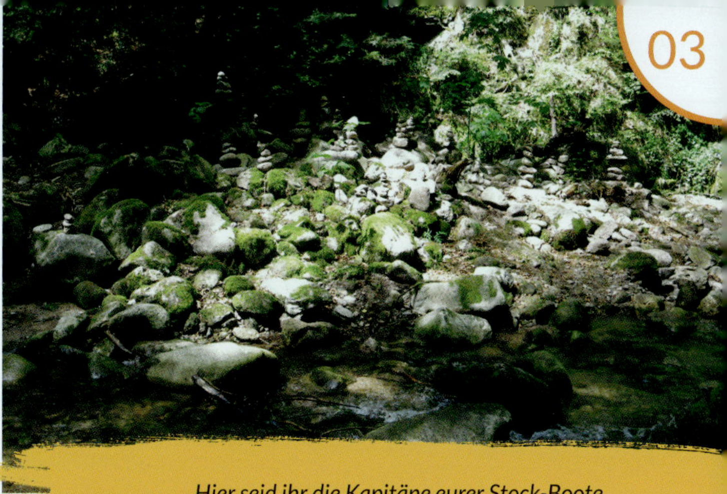

Hier seid ihr die Kapitäne eurer Stock-Boote und Tannenzapfen-Schiffe!

sich an Gabelungen links; an einer Kreuzung nach gut 1 km nimmt man entweder den Weg schräg links, der zum etwa 400 m entfernten Bütthof (und von dort auf dem anderen Bachufer zur Wasserfallhütte zurück) führt – oder aber den Weg ganz links direkt zur Wasserfallhütte und zum 9 m hohen Geroldsauer Wasserfall. Danach kommen die seichten Bachpassagen mit einigen schönen Spielstellen, bevor zum Schluss der Bach auf der überdachten Holzbrücke überquert wird. Kurz darauf führt ein steil ansteigender Pfad vom Bach weg hoch auf einen Waldweg, dem man 50 m nach rechts folgt. Hinter dem Brahms-Brunnen geht es dann wieder links aufwärts und nach weiteren 100 m ist der Parkplatz erreicht.

Wasserspiele sind toll, aber das Bachwasser ist kalt! Gummistiefel und/oder Ersatzkleidung mitnehmen!

Tipp

Als „Tor zum Schwarzwald“ präsentiert sich die „Geroldsauer Mühle“ zwischen Lichtenthal und Geroldsau. Das große Holzhaus bietet Ausstellungen, regionale Spezialitäten, Veranstaltungen und ein Infozentrum für Besucher aus nah und fern.

6 km · ab 6 Jahren

Schloss Eberstein und der Sagenweg von Gernsbach

Dieser schöne, weitgehend über schmale Pfade verlaufende Sagenweg führt knapp 6 km rund um den Gernsberg und verbindet sieben Stationen, um die sich geheimnisvolle Sagen und Geschichten ranken. An jeder Station sind Tafeln angebracht, auf denen man etwas über die Besonderheit des Ortes erfährt. Die Strecke ist mit dem Symbol eines Teufelchens ausgeschildert.

Von der wunderschönen Klingelkapelle aus geht es zunächst steil aufwärts, am Grillplatz und der Wassertretstelle vorbei auf einem schmalen Zick-Zack-Pfad zur „Engelskanzel". Dieser erste Teil des Weges ist beschwerlich – nicht den Mut verlieren! Weiter hinauf geht es durch schöne Mischwälder zur „Luisenruhe" und Rcht. „Wachtelweg". Der kleine Abstecher zum „Wachtelbrunnen" lohnt

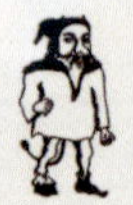

Folgen Sie bitte diesem Zeichen

Info

Startpunkt: Klingelkapelle in Gernsbach (Schlossstraße, Klingelstraße)

GPS: 48° 45' 38" N / 008° 20' 26" O

Anfahrt: Mit dem Pkw: Am Startpunkt selbst gibt es keinen Parkplatz, daher parkt man am besten unterhalb des Kurparks in der Hildastraße am östlichen Murgufer. Von dort sind es etwa 500 m bis zur Klingelkapelle: über die Fußgängerbrücke und die Murginsel, dann links in die Klingelstraße.

Mit Bus und Bahn: Vom Stadtbahn-Haltepunkt „Gernsbach Mitte" (Linie S41 Rastatt–Freudenstadt) etwa 300 m nach Süden zum Kurpark, vom Bahnhof Gernsbach knapp 1 km nach Süden zum Kurpark. Von dort weiter wie oben beschrieben.

Infos: Unter www.sagenweg.de kann man u.a. eine Broschüre mit genauer Beschreibung herunterladen.

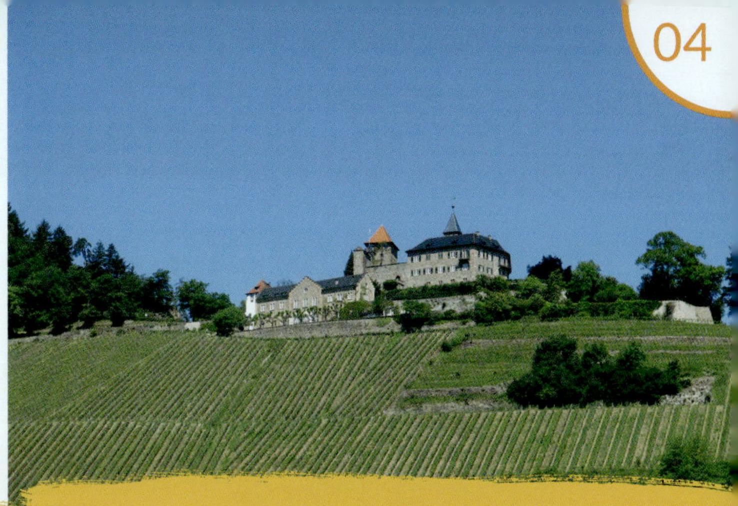

Ihr erfahrt spannende Geschichten über Engel und Teufel und die Erdmännlein, die riesige Schätze hüten!

sich. Wer schwindelfrei ist, kann einen weiteren Abstecher zum beliebten Aussichtspavillon „Am Grafensprung" machen. Zurück auf dem Sagenweg geht es zum berühmten Schloss Eberstein.

Von dort geht es über den „Zehntacker" weiter zur „Erzgrube" – hier öffnet sich ein finsteres Loch in den Berg. Auf dem „Erdmännlespfad" geht es dann zum „Forlenkopf" und hinunter zum „Straßendenkmal", dann zum „Hambrechtbrunnen" und weiter zur „Schönen Aussicht". Immer weiter bergab erreicht man die untere Schlossstraße und die Murg. Auf der Murginsel kann man dann zu heiße Füße in den Fluss stecken!

Tipp

Das imposante Schloss Eberstein stammt aus der Mitte des 13. Jh. und wird nach vielen Umbauten heute für Festlichkeiten aller Art genutzt. In der Schloss-Schänke mit der schönen Platanenterrasse gibt es badische Spezialitäten – und eine wunderbare Aussicht.

Das zum Schloss gehörende Arboretum – also ein „Baumgarten" – ist für Pflanzenkenner einen Besuch wert. Hier gibt es einen 4 km langen Rundweg, der z. T. parallel zum Sagenweg verläuft. Nähere Infos unter www.gernsbach.de oder in der Touristinfo Gernsbach.

8,5 bzw. 2,5 km ab 5 Jahren

Die Naturerlebniswege auf dem Kaltenbronn

Das Hochmoor von Kaltenbronn beherbergt sehr spezielle Pflanzen- und Tierarten. Diese werden auf dem 8,5 km (verkürzbar auf 5 km) langen Naturerlebnisweg vorgestellt. Der Auerhahnsteig (2,5 km) informiert über die gefährdeten Auerhähne.

Der Naturerlebnisweg mit Trollpfad

Dieser Weg beginnt am Parkplatz „F" und führt über das Moor und den Wildsee. Auf den ersten 5 km – mit einem Auerhahn-Symbol ausgeschildert – befinden sich mehrere Stationen, die über die Flora und Fauna der Gegend informieren. Für kleinere Kinder gibt es einen spannenden „Trollpfad" mit verschiedenen Rätseln. Der schmale Pfad verläuft auf etwa 2 km parallel zum Hauptweg und trifft immer wieder auf diesen. Ein Schild bei der Linksabzweigung vor der ersten Station des Hauptweges zeigt den Trollweg an. Während die „Großen" dem Hauptweg folgen, können die „Kleinen" den Pfad allein erkunden und fünf Rätselworte finden. Die insgesamt 8,5 km

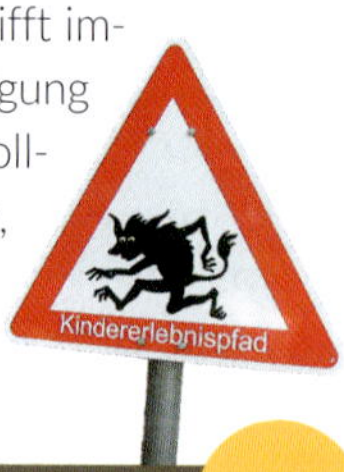

Info

Startpunkt: Parkplatz „F" an der L 76b in Kaltenbronn

GPS: 48° 42' 26" N / 008° 25' 48" O

Anfahrt: Mit dem Pkw: Von Westen: die B 472 bis Gernsbach/Hilpertsau, dann nach Osten auf die L 6b; von Osten: die B 294 bis Bad Wildbad, dann die L 351 Rcht. Enzklösterle bis Sprollenhaus, dort rechts auf die L 76b.

Mit Bahn und Bus: Von Gernsbach im Murgtal (Linie 242) sowie von Bad Wildbad und Enzklösterle im Enztal (Linie 7780) gibt es Busverbindungen nach Kaltenbronn.

Infos im Infozentrum Kaltenbronn (s. Tipp-Kasten).

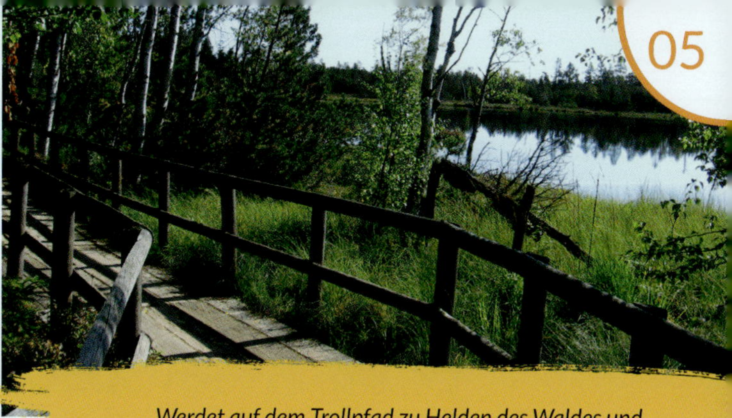

Werdet auf dem Trollpfad zu Helden des Waldes und rettet die armen Buchentrolle!

lange Strecke ist ziemlich eben und auf dem Moor geht es über einen Bohlenweg. Wem dieser Rundweg zu lang ist, der dreht am besten nach Erreichen des Wildsees (der See liegt rechts vom Bohlenweg) um und kehrt auf dem gleichen Weg zurück (dann nur 5 km), dann verpasst man nur wenige Stationen des Naturerlebnisweges.

Der Auerhahnsteig

Dieser 2,5 km – nicht barrierefreie – lange Weg beginnt am Infozentrum Kaltenbronn und bietet an mehreren Stationen Infos zu der bedrohten Tierart – die Wegzeichen sind natürlich: Auerhühner! An einer Station gibt es einen Stempel, mit dem man gratis ins Infozentrum kommt!

Das Klima auf dem Kaltenbronn ist rau, also warme Kleidung mitnehmen!

Tipp

Einen Besuch lohnt das Infozentrum Kaltenbronn (Öffnungszeiten: April bis November, Mi–So 10:30 bis 17 Uhr) an der L 76b, rd. 200 m vom Parkplatz „F“ entfernt. Dort gibt es ein Naturmuseum mit vielen Informationen zur Natur und Touristik der Umgebung, Sonderausstellungen, Vorträge und Themenwanderungen. Mehr Infos unter Tel. 07224 655197 oder auf www.infozentrum-kaltenbronn.de.

Ebenfalls lohnenswert: das oberhalb des Infozentrums gelegene Rotwildgehege.

4 km · ab 5 Jahren

Der Sagenweg in Forbach-Gausbach

Viele Märchen und Sagen haben sich die Menschen im Schwarzwald früher erzählt: von Trollen und Teufeln, Geistern, Hexen und guten Feen und unglaublichen Dingen, die sich in den dunklen Wäldern abgespielt haben sollen. Der Sagenweg erzählt einige dieser Geschichten und regionale Künstler haben hier in Gausbach diesen Sagen eine Gestalt verliehen. An fünf Stationen erinnern ihre Skulpturen an die lokalen Sagen und Dorflegenden.

Vom Parkplatz an der Festhalle geht es zunächst die Winterhardtstraße weiter hinauf, am Friedhof vorbei und in das Tal des Kauersbach hinein. Die Straße gabelt sich und auf dem Schotterweg (links) erreicht man nach insgesamt etwa 200 m die erste Station: den He-

Sagenweg

Info

Startpunkt: einige Parkplätze hinter der Festhalle Gausbach oder weiter die Straße hoch der Parkplatz am Sportplatz

GPS: 48° 41' 07" N / 008° 21' 52" O (Festhalle) oder 48° 41' 02" N / 008° 22' 10" O (Sportplatz)

Anfahrt: Mit dem Pkw: Von der B 462 rechts der Murg im Ortsteil Forbach-Gausbach hoch ins Ortszentrum zur Festhalle oder noch weiter hoch bis zum Sportplatz.

Mit Bus und Bahn: Mit der Linie S 41 (Karlsruhe–Freudenstadt) bis zum Stadtbahnhaltepunkt Gausbach; von hier über die Murgtalstraße und die Fürholzstraße zur Festhalle und dort links die Winterhardtstraße hoch – etwa 500 m bis zum Beginn des Sagenwegs.

Infos: Broschüren und weitere Infos gibt es bei der Tourist-Info Forbach (Tel. 07228 390) oder unter www.forbach.de.

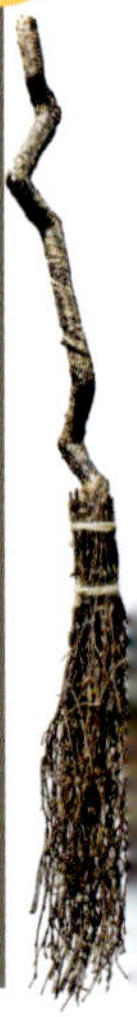

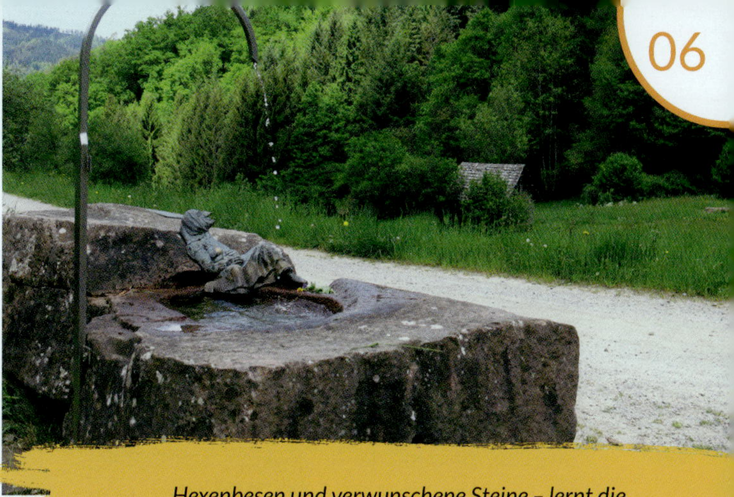

Hexenbesen und verwunschene Steine – lernt die Gruselgeschichten früherer Zeiten kennen!

xenbrunnen und Hexenbesen. (Oder man parkt am Sportplatz etwas oberhalb und läuft etwa 100 m die Straße zurück.) Eine Wiese mit einem Mühlrad lädt zum Spielen und Verweilen ein – vielleicht am Ende der Tour? Der Beschilderung folgend geht es über schmale Wiesen- und Waldpfade zu den nächsten Stationen.

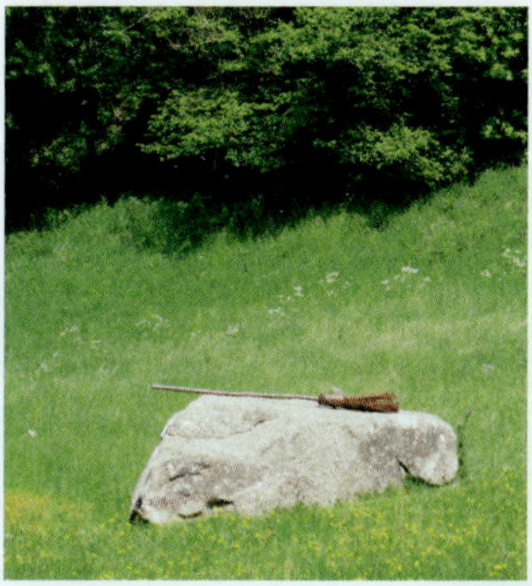

Tipp

Ebenfalls schön – aber für Kinder vielleicht nicht so spannend – ist der 4,5 km lange Brunnenweg in Gausbach. Die Brunnen wurden und werden von regionalen Künstlern durch Skulpturen aus Stein oder Bronze ergänzt, die einen historischen Bezug zum jeweiligen Ort haben.

Am Beginn des Sagenwegs kann man auch dem Schild des Brunnenwegs folgen (hinunter in den Ort und nördlich davon zurück). Oder man startet am Bahnhof Forbach (nördlich davon gibt es einen Wanderparkplatz) oder an der Stadtbahn-Haltestelle Gausbach und folgt der Beschilderung zum Brunnenweg.

4 km ab 4 Jahren

Der Glücksweg in Bermersbach

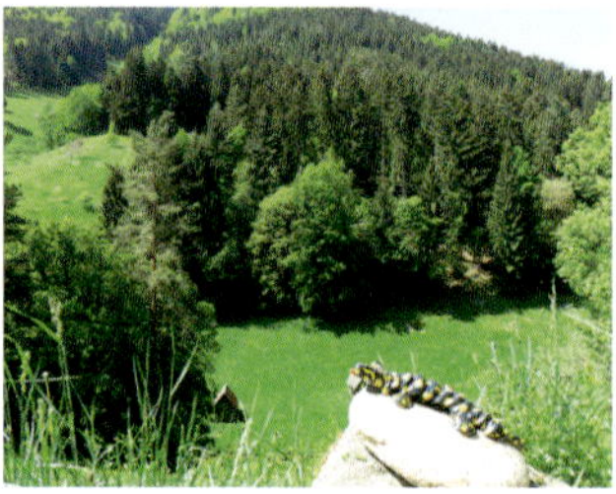

Diese Tour ist eine besondere Entdeckung: eine Glücks-Entdeckung. Und nicht nur die „Kleinen" werden daran Freude haben, auch die „Großen" erfahren – wieder einmal –, was Glück sein kann. Amanda, die kleine Feuersalamander-Dame, begleitet ihre Besucher auf dem Weg und zeigt ihnen, was Glück ist. Immer wieder gibt es etwas zu suchen und Neues zu entdecken. Wer der Geschichte folgt, wird viele Tiergestalten finden: Frösche und Enten warten am Bach auf die Besucher. Auch die kleine Maus, Freund Hase, Freundin Schnecke und weitere spielen eine Rolle. Und dann gibt es ja noch die Wichtel, die nicht zu Hause sind ...

Der Glücksweg ist gut ausgeschildert: Vom Startpunkt aus geht es 70 m die Luisenstraße (L 79) nach Norden entlang, dann biegt man links in die Haulerstraße ein. Nach einem kurzen, steilen Anstieg führt der Weg leicht ansteigend durch das idyllische Wiesental des Scheerbachs. Die Tiere des Glückswegs nehmen nach etwa 2 km Abschied: dann kann man auf dem gleichen Weg zurückkehren oder

Info

Startpunkt: Bermersbach Ortsmitte/am alten Rathaus

GPS: 48° 41' 35" N / 008° 20' 33" O

Anfahrt: Mit dem Pkw: auf der B 462 bis Forbach, dort auf die L 79 abbiegen und bis Bermersbach Ortmitte fahren.

Mit Bus und Bahn: mit der S41 (Karlsruhe–Freudenstadt) bis Bahnhof Forbach, von dort mit der Linie 248 nach Bermersbach.

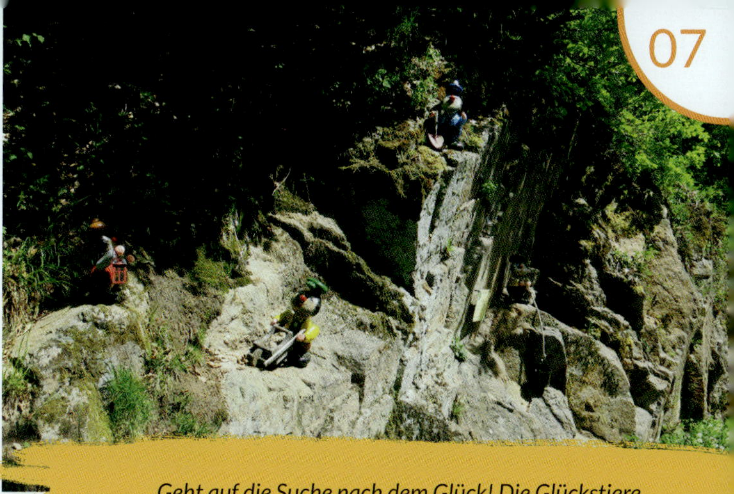

Geht auf die Suche nach dem Glück! Die Glückstiere und -wichtel helfen euch dabei!

aber den beschilderten Rundweg vollenden. Es geht dann auf einem etwas schmaleren Pfad an den typischen Heuhütten vorbei und wieder auf einen breiten, abwärts führenden Waldweg. Ein Stück weiter kommt das Rotwildgehege und mit etwas Glück kann man hier die Hirsche beobachten. Am Ende des Weges, kurz vor dem Ort, lockt noch ein Wassertretbecken mit frischem Bachwasser.

Das Planschen im Tretbecken am Ende des Weges ist an warmen Tagen ein schöner Ausklang der Entdeckertour!

Tipp

Einen Besuch lohnt auch das kleine Murgtal-Museum in Bermerbach (ausgeschildert): ein Klassenzimmer der „Alten Dorfschule", ein „Dorf-Krämerladen", altes Spielzeug, Wissenswertes über das Arbeiten und Leben zu früheren Zeiten, die Tiere der Heimat und vieles mehr gibt es hier zu bestaunen. Das Museum ist (meist) sonn- und feiertags von 14:30 bis 17 Uhr geöffnet, nähere Infos und Voranmeldung (ab 8 Personen) unter info@murgtalmuseum-bermersbach.de oder Tel. 07228 788 (Bernhard Wunsch) oder 07228 390 (Tourist-Info Forbach).

5 km ab 5 Jahren

Der Ziegenpfad von Forbach-Bermersbach

Diese Entdeckertour auf dem Ziegenpfad führt über schmale und z. T. holprige Wege zwischen Forbach und Bermersbach am Sersbach entlang und zu großen Teilen direkt durch die Ziegenweiden. Verschiedene Info-Tafeln vermitteln Lustiges und Wissenswertes rund um die „vierbeinigen Landschaftspfleger". An den Zugängen sind Weidetore, die nach dem Betreten wieder gut verschlossen werden müssen. Die Weideflächen werden je nach Witterung ca. von April bis November wechselweise abgegrast. Nur wer also den ganzen Weg abläuft, trifft sicher auf die Bermersbacher Ziegen. Die Tiere dürfen nicht gefüttert werden, Hunde dürfen an der Leine mit auf den Pfad. Und: die Ziegen sind sehr neugierig und kontaktfreudig – aber nicht gefährlich!

Der Ziegenpfad beginnt am Ortsausgangsschild von Forbach nach Bermersbach. Vom Krankenhaus geht es gut 300 m die Straße entlang. Hinter dem Feuerwehrgebäude beginnt der Ziegenpfad. Achtung: Oben in Bermersbach angekommen, gibt es auch noch eine längere Weg-Variante für den Rückweg (Infotafel beachten)!

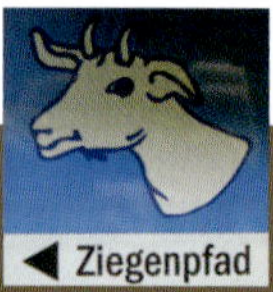

Info

Startpunkt: Parkplatz am Kreiskrankenhaus von Forbach

GPS: 48° 40' 58" N / 008° 21' 26" O

Anfahrt: Mit dem Pkw: auf der B 462 bis Forbach, dann auf die L 79 abbiegen und bis zum Kreiskrankenhaus fahren.

Mit Bus und Bahn: mit der S 41 (Karlsruhe–Freudenstadt) bis zum Bahnhof Forbach fahren. Über die Murgbrücke und rechts in die Friedrichstraße (L 9) einbiegen, Gesamtstrecke bis zum Beginn des Ziegenpfads etwa 1 km.

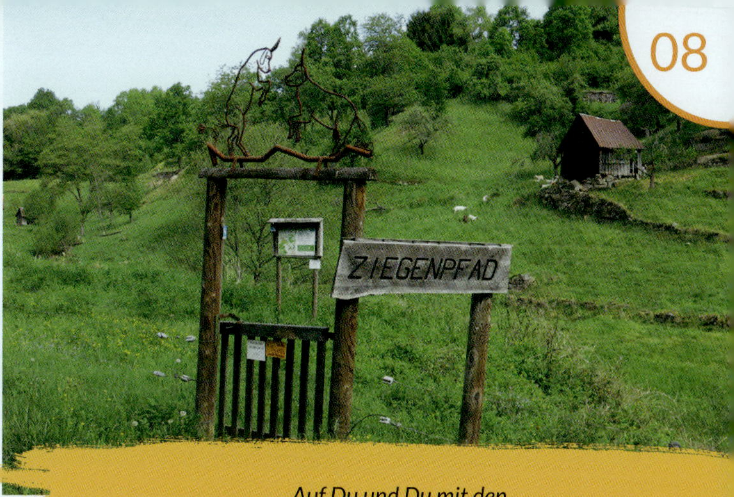

Auf Du und Du mit den vierbeinigen Rasenmähern!

Bei Bedarf bringt das Wassertretbecken in Bermersbach Abkühlung! Es liegt etwas westlich des Ortskerns am Scheerbach (ausgeschildert!).

Tipp

- In Forbach gibt es einen tollen Wasserspielplatz, den „Murggarten". Im Ortszentrum direkt am Fluss gelegen (GPS: 48° 40' 43" N / 008° 21' 38" O), besteht er aus zahlreichen Wasserspielen entlang eines kleinen Bachlaufs mit eigener Quelle, Fontänen und Grünanlagen. Hauptfigur des kleinen Parks ist der „Hörnerich": eine Sagenfigur, die nun im Murggarten thront. Weitere Infos unter www.forbach.de.
- Größeren Kindern ist auch die Murg selbst mit ihren großen flachen Steinen als Wasserspielstelle zu empfehlen. In Forbach über die Historische Holzbrücke, dann rechts 1,5 km die Eckstraße entlang, dort gibt es Parkmöglichkeiten (GPS: 48° 40' 06" N / 008° 21' 17" O). Etwa 1 km zu Fuß weiter (Anliegerstraße!), dann führt ein Abstieg zur Murg hinunter: Hier gibt es schöne Bade- und Planschstellen. Das Baden auf eigene Gefahr wird geduldet, an heißen Tagen ist oft viel los!
- Das Unternehmen „Adventure World" bietet im Murgtal eine Reihe besonderer Erlebnisse an: Flussbettwandern, Soft-Rafting, Wildwasser-Kajakkurse, Gleitschirm-Tandemflüge u. a. Das Programm wird individuell vereinbart; Infos unter www.murgtal-arena.de.

1 bis 5 km · ab 5 Jahren

Schwarzenbach und Herrenwieser Schwallung

Dies ist eine wirklich abenteuerliche Entdeckertour für schöne Tage: Zwischen der Schwallung und dem Schwarzenbach-Stausee fließt der Bach meist seicht durch den Wald; Moos, Waldgras und Heidelbeerbüsche laden zum echten Wald-Erleben ein. Das Bachwasser ist recht kalt, doch mit Gummistiefeln und -hosen ausgerüstet, lassen sich hier herrlich Staudämme bauen! Wer möchte, kann das Wasserspiel mit einer etwa 5 km langen Wanderung ergänzen. Die Wandertour selbst ist zu Beginn sehr steil, aber barrierefrei, der Abstieg in die Waldsenke am Bach ist es allerdings natürlich nicht!

Gestartet wird direkt an der Herrenwieser Schwallung: Hier wurde im 19. Jh. das Wasser gestaut, um dann beim Öffnen des Wehrs die großen „Holländertannen" den Schwarzenbach hinunter zu „spülen". Wer gleich zum Spielen an den Bach will, wendet sich hinter dem Stauwehr nach rechts, der blauen Raute folgend. Nach gut 500 m führt schräg rechts ein Weg (oft etwas zugewachsen) in die Senke, die hier den Bach umgibt. Bald ist vom Weg nichts mehr zu erkennen, zwischen kleinen Tannen und umgestürzten Bäumen hindurch, über morastige Stellen und weiches Moos geht es durch

Info

Startpunkt: nicht gekennzeichneter Parkplatz an der „Herrenwieser Schwallung", einer steinernen Wehranlage nördlich der Straße

GPS: 48° 39' 19" N / 008° 17' 25" O

Anfahrt: Mit dem Pkw: Die Schwallung liegt zwischen Herrenwies und dem Schwarzenbach-Stausee an der L 83. Von Westen kommend von der B 500 in Sand auf die L 83 abbiegen; von Osten kommend von der B 462 in Raumünzach auf die L 83 abbiegen.

Mit Bus und Bahn kommt man nicht direkt zur Schwallung.

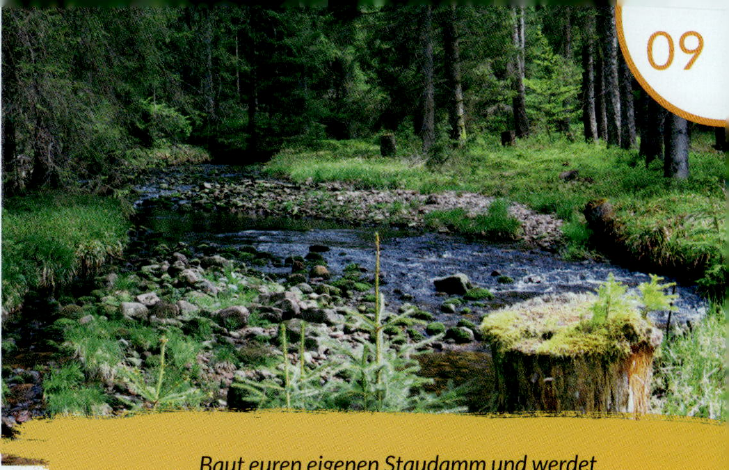

Baut euren eigenen Staudamm und werdet Flößer auf dem Schwarzenbach!

den Wald – auf der Suche nach dem Bach und einer schönen Spielstelle …

Wer erst ein wenig wandern will, nimmt hinter dem Stauwehr zunächst den schräg links steil ansteigenden Weg und biegt nach etwa 150 m rechts auf den „Vizinalweg" ab. Ohne nennenswerte Steigungen geht es dann knapp 2 km bis zu einer schönen Wiese mit einem Schuppen und mehreren Kastanienbäumen. Am Ende der Wiese biegt man nicht rechts ab (hier ist die Schwallung ausgeschildert), sondern folgt dem Weg nach links – oberhalb des Seebachhofes vorbei –, bis man nach etwa 300 m den kleinen Seebach erreicht. Hier trifft man auf die rote Raute und wandert, sich rechts hinab wendend, gut 500 m zum Seeufer. Hier geht es wieder rechts, der blauen Raute folgend, bis zum Wegpunkt „Messwehr" (gut 500 m). Knapp 1 km später erreicht man den schräg nach unten in die Senke führenden Wiesenweg (s. o.) – von hier sind es noch etwa 500 m zurück zum Parkplatz an der Schwallung.

Tipp

Der Uferweg um den Schwarzenbach-Stausee ist ein schöner Spaziergang mit vielen Zugangsmöglichkeiten zum See. Baden auf eigene Gefahr ist erlaubt, der Wasserstand des Stausees schwankt je nach Jahreszeit. Am besten parkt man auf dem Parkplatz an der Staumauer (hier auch eine Bushaltestelle der Linie 263). Der gesamte Rundweg um den See ist etwa 7 km lang und nicht durchgehend barrierefrei. Der Uferweg bis zum Wegpunkt „Messwehr" ist 3,5 km lang und barrierefrei.

2 km ab 4 Jahren

Der Walderlebnispfad in Herrenwies

Das idyllisch gelegene Herrenwies ist sowohl im Sommer wie im Winter ein lohnendes Ziel. Die Wiesen neben der Straße laden zum Spielen und Toben, Picknicken und im Winter zum Schlittenfahren ein. Die kleine Kirche in Herrenwies ist weit über die Region hinaus bekannt.

Der etwa 2 km lange Walderlebnispfad beginnt und endet direkt oberhalb dieser Kirche. Der schmale Pfad bietet an 8 Stationen Interessantes, Kurioses, Informatives und Lustiges rund um das Thema Wald. Bei der Orientierung hilft als Wegmarkierung das Glasmännchen, das an den einzelnen Stationen in die vielen Geheimnisse des Waldes einweiht.

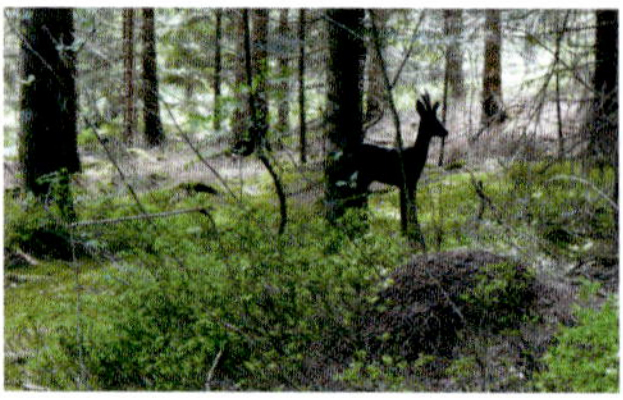

Wochentags kann man direkt an der Kirche parken (begrenzte Parkplätze). Sonst steuert man besser den etwa auf Höhe der

Info

Startpunkt: begrenzte Parkplätze an der Kirche in Herrenwies oder der knapp 300 m entfernte Parkplatz auf der anderen Straßenseite der L 83

GPS: 48° 39' 40" N / 008° 15' 57" O (Kirche) bzw. 48° 39' 32" N / 008° 15' 59" O (großer Parkplatz)

Anfahrt: Mit dem Pkw: Von der B 500 auf dem „Sand" nach Osten auf die L 83 abbiegen; direkt am Ortseingang von Herrenwies. Oder: von der B 462 in Raumünzach nach Westen auf die L 83 einbiegen; am Ortsende von Herrenwies.

Mit Bus und Bahn: Die Buslinie 263 zwischen Bühl und Forbach hält in Herrenwies am „Dorfplatz" direkt neben dem Parkplatz.

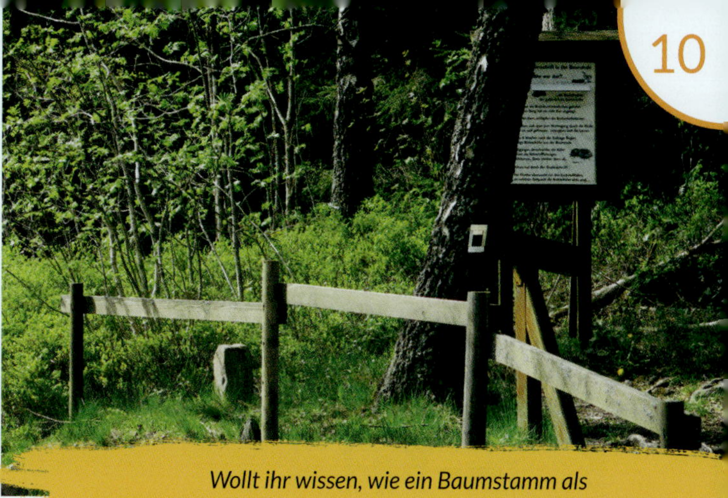

Wollt ihr wissen, wie ein Baumstamm als Alarmanlage funktioniert? Oder wie stark Ameisen sind? Dann seid ihr hier richtig!

Kirche, aber auf der anderen Straßenseite gelegenen Parkplatz an, quert dann die Straße und geht zur Kirche hoch und links an ihr vorbei.

Folgt man übrigens dem Asphaltsträßchen, kommt man direkt zum Bisongehege. Und der Schwarzenbach, der sich durch die Wiesen schlängelt, ist an Sommertagen wunderbar zum Planschen geeignet – allerdings gibt es hier kaum Schatten.

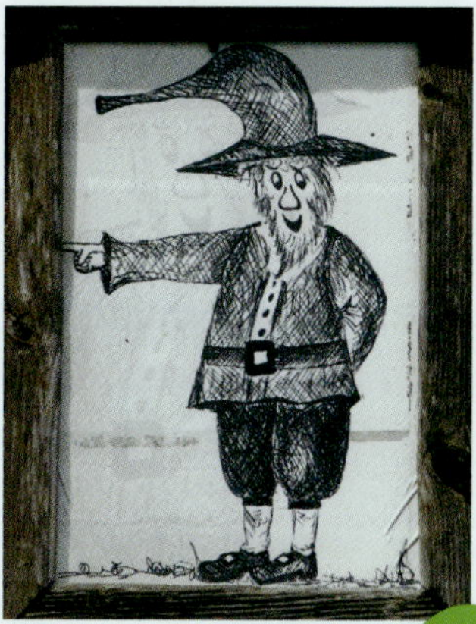

Tipp

Bei einem Spaziergang von etwa 4 km Länge (nicht barrierefrei) von Herrenwies nach Sand kann man den „Kunstpfad" besichtigen: Neben der Kneipe „Turning Point" geht es über einen Wiesenweg am Schwarzenbach entlang am Campingplatz und dem Sportplatz der Jugendherberge vorbei. Bachaufwärts durch den Wald kommt man dann zum Sandsee unterhalb des ehemaligen Hotels auf dem „Sand". Für den Rückweg kann man vom See aus weiter hochsteigen, bis man auf den Wanderweg mit der blauen Raute trifft. Hier biegt man rechts ein und kommt am Bisongehege vorbei wieder zurück zur Kirche.

11

4 bzw. 4,5 km | ab 5 Jahren

Die Erlebnispfade auf dem Plättig bei Baden-Baden

Gleich zwei spannende Pfade gibt es hier zu entdecken. Beide sind sehr naturbelassen – mitunter geht es über Stock und Stein –, daher sind körperliche Beweglichkeit und, wie immer, festes Schuhwerk Voraussetzung. Außerdem sollte man ausreichend Zeit einplanen, mehr als 1 bis 2 km schafft man pro Stunde meist nicht. Die Wege sind das ganze Jahr geöffnet, bei Sturm oder Schnee ist die Begehung aber nicht möglich. Es wird kein Eintritt erhoben, Spenden zur Erhaltung der Wege sind aber sehr willkommen.

Vom Parkplatz aus überquert man zunächst die Straße, die beiden Pfade sind gut ausgeschildert.

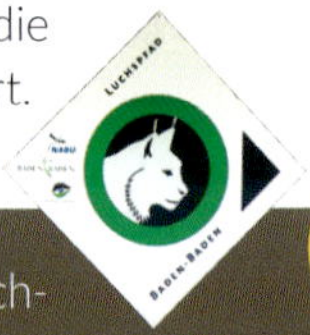

Info

Startpunkt: Parkplatz an derSchwarzwaldhochstraße (B 500) am Hotel „Plättig"/Schlosshotel „Bühlerhöhe"

GPS: 48° 40' 12" N / 008° 13' 55" O

Anfahrt: mit dem Pkw: auf der B 500 zwischen Baden-Baden und der Straßenkreuzung „Sand" befindet sich der Parkplatz auf der westlichen Straßenseite.

Mit Bus und Bahn: Vom Bahnhof Baden-Baden aus fährt die Linie 245 über die Schwarzwaldhöhenstraße, Haltestelle „Plättig". Von Bühl oder Forbach aus fährt die Linie 263 bis zum „Sand", dort umsteigen in die Linie 245 Rcht. Baden-Baden und eine Station bis zum „Plättig" fahren.

Infos: Auf beiden Pfaden werden durch die Ranger des Nationalparks Führungen angeboten, Infos dazu unter Tel. 07449 92998444.

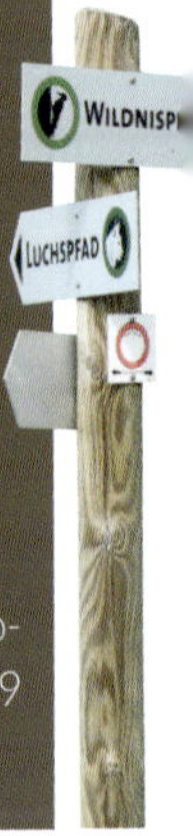

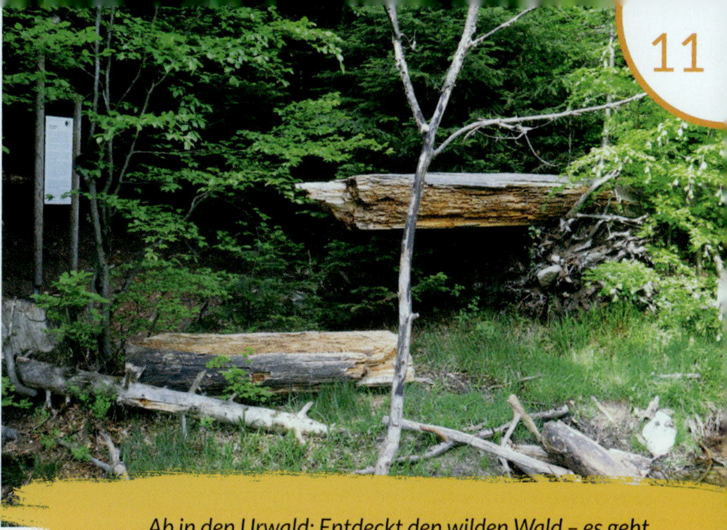

Ab in den Urwald: Entdeckt den wilden Wald – es geht über schmale Pfade, Baumstämme und Leitern, durch Pfützen, Matsch und Bäche!

Der Wildnispfad

Dieser 4,5 km lange Weg beginnt etwa 100 m oberhalb des alten Plättig-Hotels und führt durch eine 70 ha große Sturmwurffläche, die der Orkan Lothar 1999 geschaffen hat.

Über Baumstämme und Felsen geht es – manchmal mithilfe von Leitern – durch den wilden Wald. Im „Buchendom", auf der „Märchenwiese" oder am „Blitzbaum" kann man den Bewohnern des Waldes lauschen, Fabelwesen wie Trolle und Feen aufspüren. Der „Adlerhorst" – eine einem Nest nachempfundene Plattform in 7 m Höhe – lädt zur Pause ein.

Der Pfad kann an zwei Stellen verlassen werden, dann geht man auf einem breiten Waldweg zurück zum Plättig (kürzt ab auf 2,8 km bzw. 3,5 km).

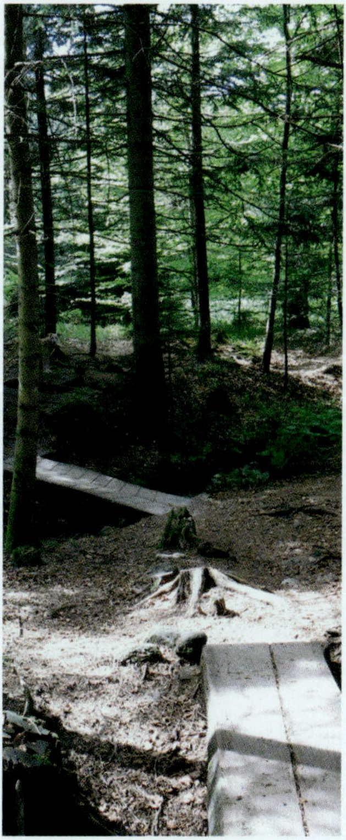

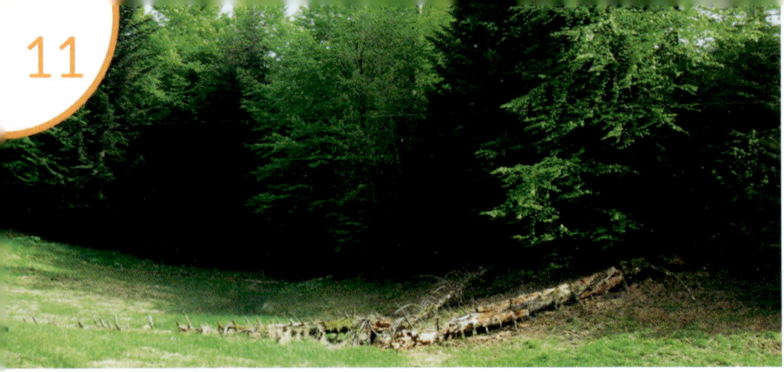

Der Luchspfad

Zum Luchspfad gelangt man, indem man links des Plättig-Hotels hinaufgeht, dann links an der kleinen Kapelle vorbei und etwa 150 m durch den Wald, bis man eine offene Hütte erreicht (ausgeschildert). Hier gibt es Flyer mit einem Rätsel: Kinder können das Luchs-Diplom machen und auch einen Preis gewinnen! Vor dem Haus vorbei an der Holzskulptur des Luchses beginnt der rund 4 km lange Pfad, auf dem man an mehr als 20 interaktiven Stationen mit spannenden und gleichzeitig lehrreichen Informationstafeln alles Wissenswerte über die im Schwarzwald seit rund 200 Jahren ausgerottete Raubkatze erfährt. Es gibt eine Menge zu beobachten, zu lauschen, zu schleichen, zu springen und zu raten. Etwa auf halber Strecke befinden sich ein Rastplatz mit Sitz- und Spielmöglichkeiten.

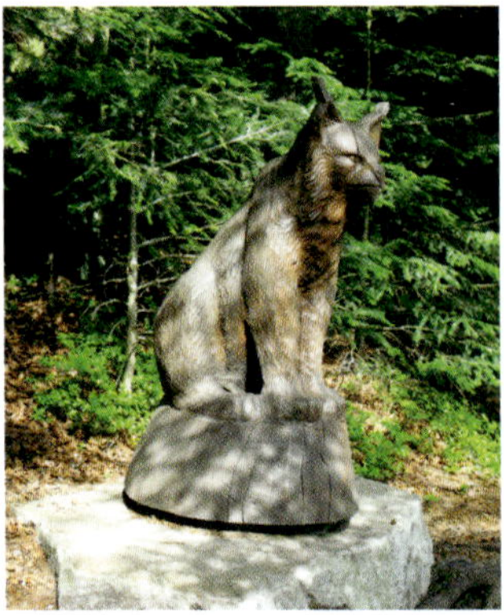

Natur pur: das heißt Ausdauer, Gelenkigkeit – und die richtige Kleidung!

Tipp

Das Freizeitzentrum am Mehliskopf ist ein Eldorado für große und kleine Menschen, die Action und Nervenkitzel lieben: es gibt eine Ganzjahres-Bobbahn, einen Abenteuer-Klettergarten, einen kleinen Lehrpfad, Trampolinspringen und „Downhill-Carts". Das Zentrum liegt an der L 83 etwa 1 km von der Kreuzung zur B 500 am Sand (GPS: 48° 39' 25" N / 008° 14' 27" O). Infos unter www.mehliskopf.de.

Husch, husch, husch, die Eisenbahn …

Husch, husch, husch, die Eisenbahn,
wer will mit zur Oma fahr'n?
Alleine fahren woll'n wir nicht,
da nehmen wir die/den (Vornamen) mit.

Statt „zur Oma" kann die Eisenbahn natürlich auch jedes andere Ziel ansteuern, z. B. „zum Burgturm", „zum Seeblick" oder „zum Spielplatz". Der/die erste Sänger/-in fasst die Person an der Hand, die mitgenommen wird, und gemeinsam fährt die Eisenbahn weiter. Der jeweils letzte Fahrgast bestimmt den als nächstes Zusteigenden. Nützlich zur Beförderung der Reisenden sind auch Schals, Hundeleinen, Seile o. Ä., an denen sich die Fahrgäste festhalten oder auch etwas ziehen (lassen) können. Sind alle an Bord, geht es noch ein paar Meter, bis der Zug sich auflöst und eine andere Person die Lokomotive macht.

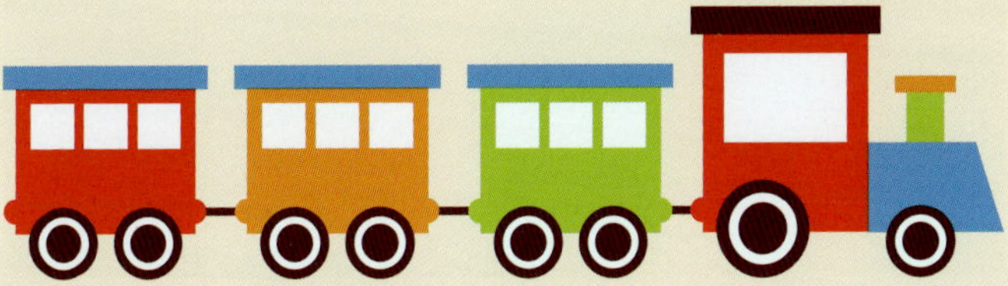

4 km · ab 5 Jahren

Kohlbergwies' und Falkenfelsen

Das Gasthaus Kohlbergwiese liegt idyllisch an einem Bachlauf und verfügt über eine schöne Wiese und einen Kinderspielplatz. Hier lässt es sich für die „Kleinen" also gut spielen, matschen und toben, während die „Großen" ganz gepflegt die Gastronomie unterstützen.

Wer will, kann mit dem Auto bis zum Gasthaus fahren – oder vom Parkplatz auf direktem Weg gut 1 km dorthin laufen (dem Fahrweg mit der Beschilderung des Gasthauses folgen). Oder man verbindet das Wald- und Wiesen-Erlebnis mit einer kleinen Wandertour zur aussichtsreichen Hertahütte und den Falkenfelsen.

Für alle Bach-Entdecker: Ersatzklamotten mitnehmen!

Info

Startpunkt: Parkplatz an der Schwarzwaldhochstraße (B 500) am Hotel „Plättig"/Schlosshotel „Bühlerhöhe"

GPS: 48° 40' 12" N / 008° 13' 55" O

Anfahrt: mit dem Pkw: auf der B 500 zwischen Baden-Baden und der Straßenkreuzung „Sand" befindet sich der Parkplatz auf der westlichen Straßenseite.

Mit Bus und Bahn: Vom Bahnhof Baden-Baden aus fährt die Linie 245 über die Schwarzwaldhöhenstraße, Haltestelle „Plättig". Von Bühl oder Forbach aus fährt die Linie 263 bis zum „Sand", dort umsteigen in die Linie 245 Rcht. Baden-Baden und eine Station bis zum „Plättig" fahren.

Infos: Das Waldgasthaus Kohlbergwiese hat Mo+Di Ruhetag, sonst ab 11:30 Uhr geöffnet. Infos auch unter www.waldgasthaus-kohlbergwiese.de oder Tel. 07226 250.

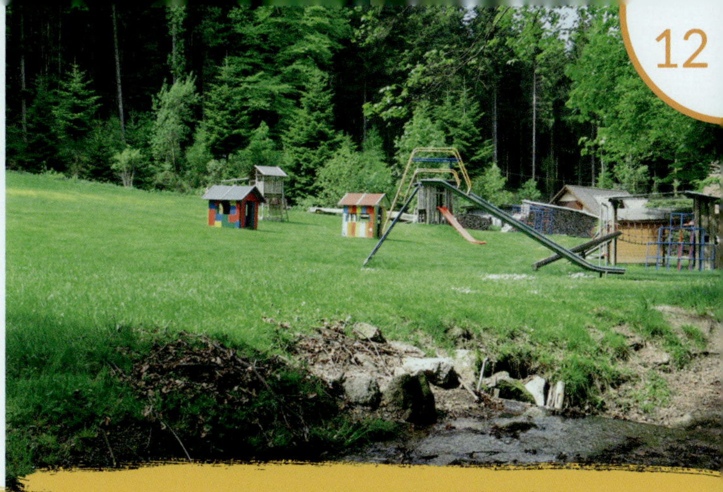

Erst rauf auf die hohen Falkenfelsen, dann runter an den Bach – mit Wiese und Spielplatz –, das ist eine super Entdeckertour!

Vom Parkplatz schlägt man den Asphaltweg zur Kapelle ein, biegt aber sofort links auf den abwärts führenden Pfad. Am mächtigen Eulenstein vorbei ist man nach etwa 400 m am gleichnamigen Wegpunkt. Hier geht es rechts hoch auf das Plateau des Falkenfelsens und weiter auf schmalem Pfad bis hinauf zum höchsten Punkt, auf dem die kleine Herta-Hütte steht (etwa 800 m). Achtung: trotz Geländern ist hier Vorsicht geboten, es geht tief hinunter!

Kurz unterhalb der Herta-Hütte folgt man nun dem Schild „Kohlbergwies'". Nach 200 m erreicht man die geschotterte Fahrstraße, wendet sich nach links und ist gut 500 m später am Gasthaus Kohlbergwiese (wer den steilen Fußpfad vor der letzten Kurve nutzt, kürzt etwas ab und landet direkt hinter dem Haus).

Für den Rückweg kann man nun die Fahrstraße zum Plättig wählen (gut 1 km – ausgeschildert) oder den weitaus interessanteren, aber auch etwas anstrengenden gut 2 km langen Weg um das Schlosshotel Bühlerhöhe herum. Dazu geht man vom Gasthaus das Asphaltsträßchen hoch und wechselt dann geradeaus auf den schmalen, steil aufwärts führenden Pfad. Mithilfe von Serpentinen und Treppenstufen geht es im dichten Tannenwald steil bergauf, bis nach etwa 600 m der Wegpunkt „Unter der Bühlerhöhe" erreicht ist. Man wendet sich nach links und ist nach weiteren 600 m am Wegpunkt „Rotwasserebene". Hier geht es der blauen Raute folgend auf dem schmalen Pfad nach rechts. Man gelangt zur Auffahrt des Hotels und ist nach 1 km wieder am Parkplatz.

3,5 bis 6,5 km   ab 5 Jahren

Die Wasserfälle in der Gertelbachschlucht

Der große Gertelbach-Rundweg gehört zu den klassischen Wanderrouten in der Ortenau, ist mit 10 km und vielen Höhenmetern aber etwas anstrengend für Kinderfüße. Die kürzeren Varianten haben es ebenfalls in sich, sind aber spannend und kurzweilig. In der schattigen Schlucht des Gertelbachs geht es über Stege, Seilbrücken und Treppen hinauf. Viele Rast- und Planschplätze entlang des schmalen Pfads laden zum Spielen ein.

Vom Parkplatz geht es ein Stück den breiten Weg hoch, dann halblinks etwa 1,5 km am Wiedenbach entlang. Beim Haus „Gertelbach" beginnt der schmale Gertelbachpfad, von hier geht es vorbei am „Rossgumpen" rund 1 km steil zur Gertelbachhütte hinauf. Wer vorrangig planschen und picknicken will, steuert einen der schönen

Info

Startpunkt: Wanderparkplatz am Wiedenbach

GPS: 48° 40' 08" N / 008° 12' 12" O

Anfahrt: Mit dem Pkw: Der Wanderparkplatz Wiedenbach an der L 83 zwischen Bühlertal und Sand (B 500) liegt kurz oberhalb des Ortes Bühlertal südlich der Straße (ausgeschildert) an einer steil abfallenden Seitenstraße. Vom Murgtal (B 462) kommend in Raumünzach auf die L 83 abbiegen und gerade über den Sand nach Bühlertal, am Ortsschild links auf die steil abfallende Seitenstraße einbiegen. Nach 100 m sind auf der linken Straßenseite Parkplätze, hinter der Kurve weitere.

Mit Bus und Bahn: Mit der Bahn oder S-Bahn S 4 nach Bühl und weiter mit der Buslinie 263 bis zur Haltestelle „Bühlertal/Gertelbachstraße", dann 100 m die steil abfallende Straße hinunter.

Infos: In der Straßenkehre am Wiedenfelsen gibt es einen Kiosk/Bikertreff, der bei schönem Wetter geöffnet hat.

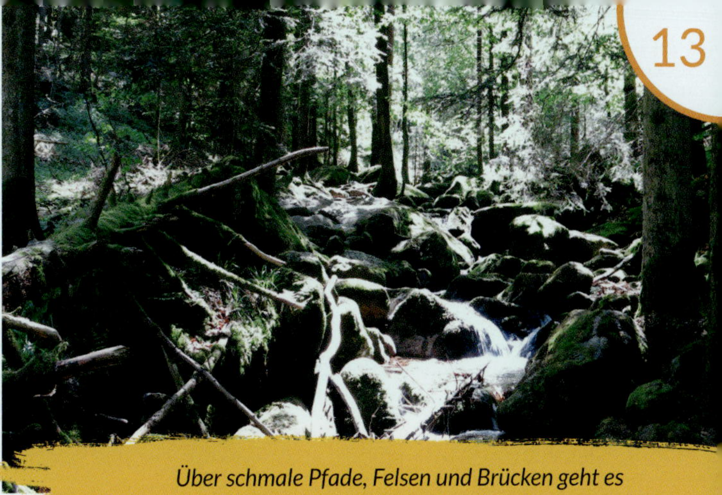

Über schmale Pfade, Felsen und Brücken geht es durch die Gertelbachschlucht – wetten, dass ihr schneller oben seid als die „Großen"?

Plätze an und steigt auf dem bekannten Pfad wieder hinab. Für alle anderen bieten sich ab der Gertelbachhütte folgende Möglichkeiten:

a) Man wendet sich an der Hütte nach rechts und wandert knapp 1 km wieder hinab, bis man auf einen breiten Weg stößt, dem man nach rechts folgt. Am Rossgumpen trifft man wieder auf den Gertelbachpfad, dem man entweder folgt – oder man geht auf dem breiten Weg außenherum am Gertelbachhaus vorbei zurück zum Parkplatz. Diese Variante ist insgesamt etwa 5,5 km lang.

b) Man steigt entlang des größten Wasserfalls (70 m) – nun noch steiler und vorwiegend über Treppen – weitere 500 m bis zum Ende der Schlucht hoch. Hier wendet man sich scharf nach rechts und wandert gut 1 km bis zum breiten Weg, dem man nach rechts folgt – bis man den Rossgumpen erreicht. Ab hier wie Variante a) – diese Tour ist insgesamt 6,5 km lang.

c) Am oberen Ende der Schlucht wendet man sich nach links und folgt der Beschilderung zum „Wiedenfelsen", von dem man tolle Aussicht auf die Rheinebene und die Vogesen hat. In der Straßenkehre befindet sich eine Bushaltestelle und die Linie 263 bringt alle Entdecker wieder hinab zum Wiedenbach-Parkplatz. Diese Tour ist insgesamt gut 3,5 km lang.

Es geht erst mächtig hoch – aber nachher schnell wieder hinab! Für alle Wasser-Entdecker: Ersatzkleidung mitnehmen!

1,5 km ab 7 Jahren

Der Engelssteig in Bühlertal

Dieser kurze Kletterpfad ist nicht wirklich ein Walderlebnis, aber eine erlebnisreiche Tour. Es geht über sehr schmale Pfade entlang des Engelsberges steil bergauf und bergab und man erfährt auf über 19 Stationen etwas über die Besonderheiten dieser steilen Hanglagen. Leider stört der Verkehrslärm etwas.

Die Tour startet an der Tourist-Information bzw. dem Parkplatz schräg gegenüber. Dort führt eine Treppe in einer Mauer hinauf. Über Obstwiesen und Trockenmauern führt der Weg an einigen interessanten Stationen vorbei. An Station 10 geht es geradeaus, von oben kommt hier der Rückweg. An Station 12 kann man entweder links hinauf die kurze Kletterpassage direkt zu Station 19 in Angriff nehmen (mit Seilen und Tritten gut gesichert) oder aber geradeaus und damit außen herum laufen. Auch wenn man sich fürs Klettern entscheidet, lohnt zunächst ein kurzer Abstecher zu den Stationen 13 und 14 geradeaus, wo es um das Leben zu früheren Zeiten und die Trockenmauern geht. Hier kommt ohnehin vorbei, wer außen um den Engelsfelsen herumgeht und an Station 15 auf ein Asphaltsträß-

Info

Startpunkt: Parkplatz schräg gegenüber der Tourist-Info von Bühlertal

GPS: 48° 41' 13" N / 008° 11' 11" O

Anfahrt: Mit dem Pkw: über die L 83 nach Bühlertal; die Tourist-Info liegt neben dem Schwimmbad zwischen Unter- und Obertal

Mit Bus und Bahn: Mit der Bahn oder S-Bahn S 4 nach Bühl und weiter mit der Buslinie 263 bis zur Haltestelle „Bühlertal/ Schwimmbad".

Infos: Ein Förderverein stellt unter www.buehlertaeler-engelsberg.de aktuelle Infos bereit.

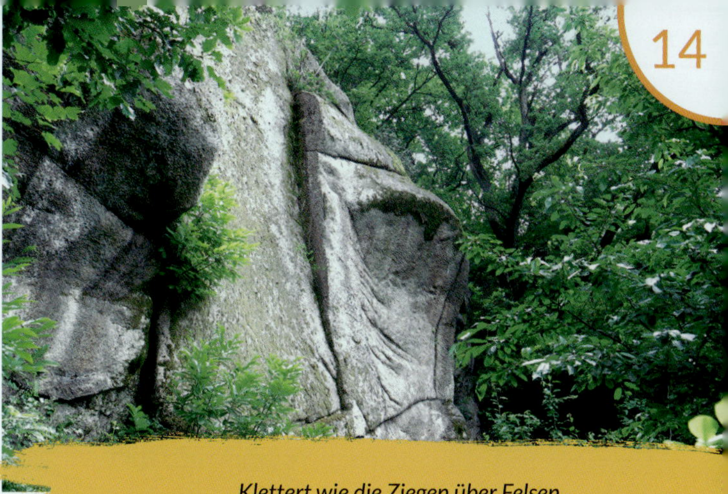

Klettert wie die Ziegen über Felsen und schmale Pfade!

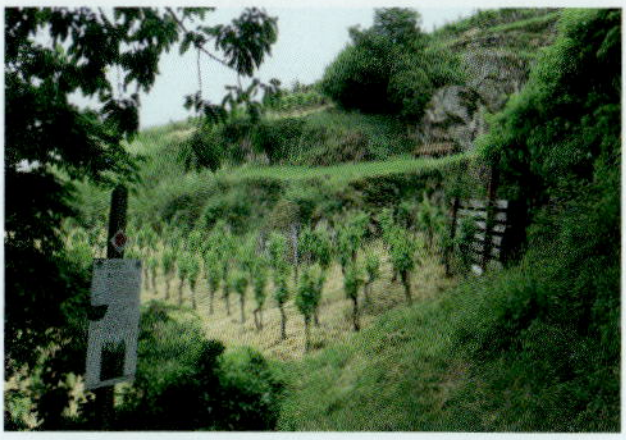

chen trifft. Dieses links hinauf, erreicht man Station 16: eine in die Felswand eingravierte Inschrift. 5 m dahinter führt der schmale Pfad hinab zu Station 17, wo auch die Kletterer den höchsten Punkt ihrer Tour erreicht haben. Am Hang entlang Rcht. Rheinebene geht es zurück und nach kurzer Zeit ist Station 10 erreicht. Ab hier geht es zurück, wie man gekommen ist. Achtung: Spitzkehre hinter Station 7 hinab nicht verpassen (Engelszeichen an der rechten Wand)! Und nochmals Achtung: Die Treppe zum Abschluss ist sehr steil und nach einem schmalen Bürgersteig kommt sofort die Straße!

An Wochenenden ist – v. a. morgens und spätnachmittags – meist nicht ganz so viel Autoverkehr, dann hat man weniger Straßenlärm!

Tipp

Ein Besuch des beheizten Freibads oder der Minigolfanlage direkt auf der anderen Straßenseite können diese kurze, aber anstrengende Erlebnistour abrunden!

Der Walderlebnispfad Burg Windeck

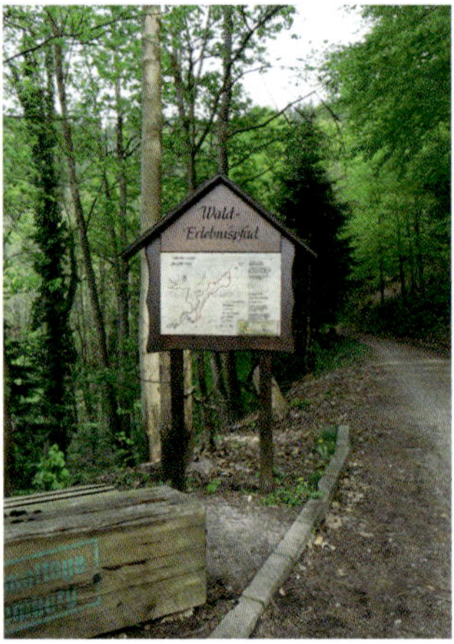

Der schon etwas ältere Erlebnispfad mit seinen Informationstafeln nutzt vorwiegend die breiten Forstwege. Oberhalb dieser Wege parallel verlaufend wurde bereits ein neuer schmaler Pfad angelegt, der (bis vorauss. 2021/22) zu einem Waldgeschichtspfad ausgebaut wird.

Vom Parkplatz direkt an der Burg führt der breite „Jägerweg" zunächst leicht bergab. Bald geht es zum „Spurenlesen"

Info

Startpunkt: Parkplatz an der Burg Windeck oberhalb von Bühl

GPS: 48° 40' 19" N / 008° 09' 30" O

Anfahrt: Mit dem Pkw: Von der B 3 (alt) im Kreisverkehr am südlichen Ortsende von Bühl in die Kappelwindeckstraße (K 3749) einbiegen und immer die Straße hoch bis zur Burgruine Windeck.

Mit Bus und Bahn: Vom Bühler Bahnhof fährt die Linie 271 regelmäßig die Burg Windeck an.

Infos: Das „Restaurant-Hotel Burg Windeck" mit seiner schönen Terrasse ist tägl. geöffnet; der urige „Pferdestall" neben der Burg nur am Sonntag von 12 bis 20 Uhr. Infos auch unter www.burg-windeck.de.

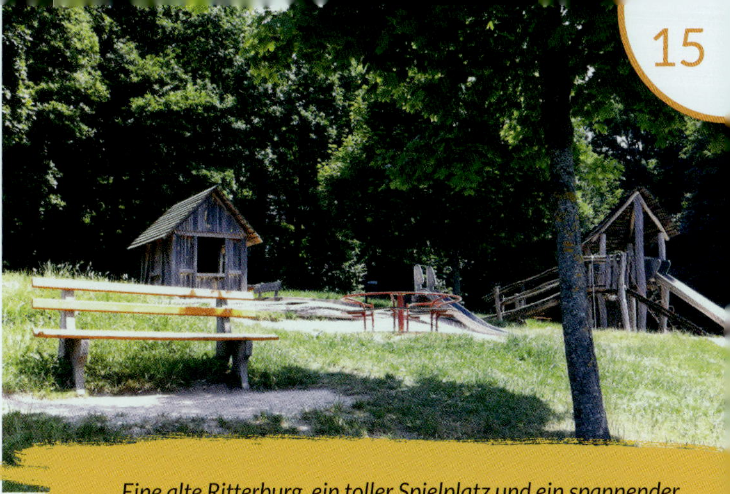

Eine alte Ritterburg, ein toller Spielplatz und ein spannender Weg durch den Wald erwarten euch!

auf dem schmalen Pfad weiter und man kann im weiteren Verlauf immer wieder zwischen dem breiten Weg und dem schmalen Pfad wechseln.

Am Wendepunkt geht es etwa 300 m steil bergauf und nach Erreichen eines weiteren breiten Wegs wieder zurück. Wer mag, kann von hier aus noch einen Abstecher zum „Bühler Stein", einem tollen Aussichtspunkt, machen (etwa 500 m steil bergauf, der Beschilderung folgen). Von dort führt ebenfalls ein direkter Weg zurück zur Burg.

Ansonsten geht es wahlweise auf dem breiten Weg oder dem neuen schmalen Pfad wieder zurück – etwa 500 m vor dem Ziel erreicht man dann das interessant konstruierte und aufgehängte Baumhaus und wechselt danach wieder auf den breiten Weg.

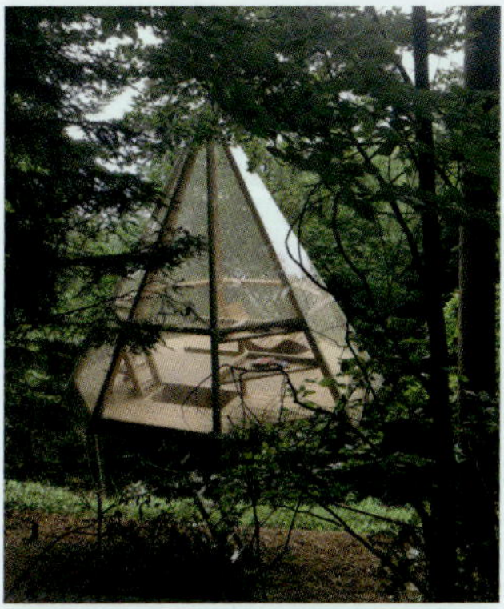

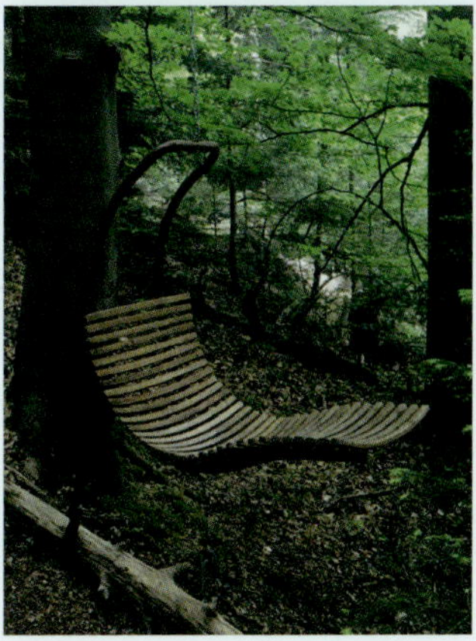

2 km · ab 4 Jahren

Der Ziegenpfad im Laufer Bruderhöfel

Ziegen und Schafe sind gute „Landschaftspfleger". Besser und günstiger als jeder Rasenmäher oder Waldarbeiter sorgen sie dafür, dass offene Wiesenlandschaften erhalten bleiben. Zudem sind Ziegen i.d.R. friedliche, freundliche und meist sehr neugierige Geschöpfe, mit denen Kinder und Erwachsene viel Spaß haben können. Der Verein „Ziegenfreunde Lauf e.V." kümmert sich um das Wohl der vierbeinigen „Rasenmäher" und hat ein schönes Areal für sie angelegt.

Der Weg beginnt in der Ortsmitte von Lauf; da es aber recht steil durch den Ort geht, kann man mit dem Auto bis zum Beginn des Fußpfads hinauffahren. Allerdings muss man in einem Wohngebiet parken und sollte das mit entsprechender Umsicht tun.

Der Beschilderung folgend kommt man von der Parkmöglichkeit in der Schützenstraße nach etwa 300 m zum eigentlichen „Ziegenpfad im Bruderhöfel", einem eingezäunten Areal von etwa 2 ha, das frei zugänglich ist. Hier gibt es in den Gehegen einen Rundweg. Innerhalb des Areals sind Hunde nicht erlaubt. Alle, die durch den Ziegen-

Info

Startpunkt: Schützenstraße/Ecke „Im Silberloch" in Lauf

GPS: 48° 38' 58" N / 008° 08' 30" O

Anfahrt: Mit dem Pkw: in der Ortsmitte von Lauf von der L 86a nach Norden in die Laufbachstraße abbiegen, der Beschilderung „Ziegenpfad" folgen bis zur Schützenstraße.

Mit Bus und Bahn: Von Achern aus fährt die Linie 7122 (am Wochenende: 7135) nach Lauf; Haltestelle „Kopfgartenweg", von dort folgt man der Beschilderung „Ziegenpfad" gut 500 m zum Beginn des Fußpfads.

Infos: Interessantes über die Ziegen und ihre Freunde findet man auf www.ziegenfreunde-lauf.de

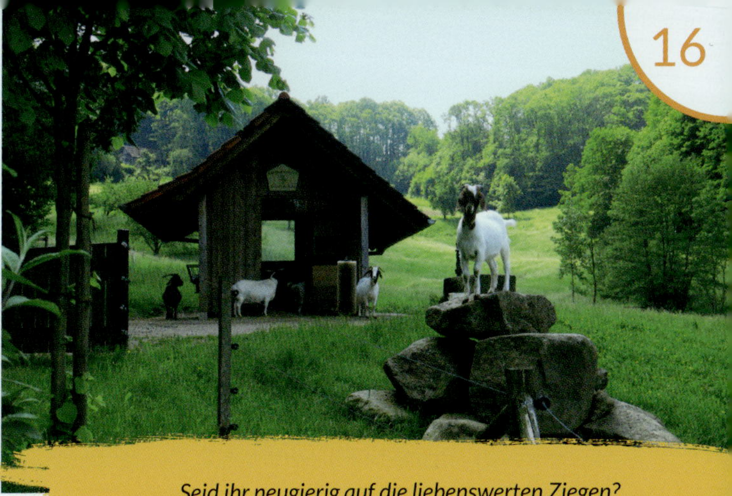

Seid ihr neugierig auf die liebenswerten Ziegen? Sie sind schon sehr neugierig auf euch!

pfad wandern, müssen die Tore vorsichtig öffnen und stets wieder gut verschließen. Die Tiere dürfen nicht gefüttert werden! Da sie aber sehr zutraulich sind, sind die Besucher meist schnell von einer Herde neugieriger Ziegen umgeben. Manchmal hat man Pech, dann beweiden die Tiere nicht den Ziegenpfad, sondern die gemeindeeigenen oder privaten Grundstücke und sind nicht da!

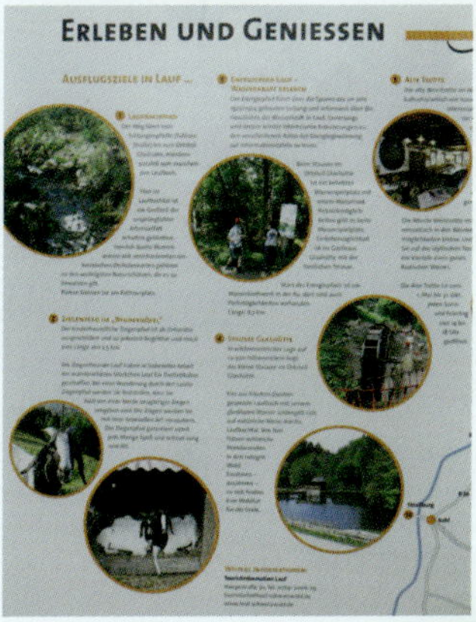

Tipp

Interessant ist auch der Besuch der „Alten Trotte“: eine liebevoll restaurierte alte Weintrotte mit Einkehrmöglichkeit (geöffnet sonn- und feiertags von 14 bis 18 Uhr). Von der Schützenstraße folgt man dem „Ziegenpfad“ und biegt nach etwa 100 m der Beschilderung „Alte Trotte“ folgend links ab. Am Aspichbach entlang erreicht man nach etwa 500 m die Alte Trotte.

Die Burgruine Neu-Windeck wartet ebenfalls auf einen Besuch. Die Ritterburg stammt aus dem 14. Jh. Der Weg zur Burg ist vom Laufer Ortszentrum beschildert.

Die Affen rasen durch den Wald ...

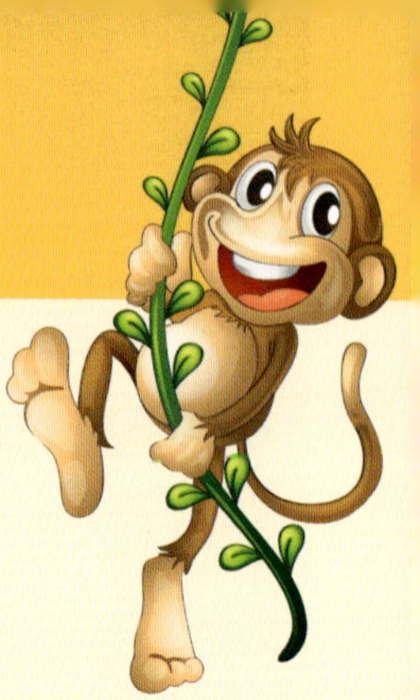

Hier das bekannte Affenlied mit allen Strophen, die man selten auswendig kennt. Kinder lieben es, dieses Lied zu singen – oder besser: zu grölen und zu schreien – und dabei zu hopsen oder zu tanzen. Und wo geht das besser als im Wald?

Die Affen rasen durch den Wald,
der eine macht den andern kalt.
Die ganze Affenbande brüllt:
„Wo ist die Kokosnuss?
Wo ist die Kokosnuss?
Wer hat die Kokosnuss geklaut?"

Die Affenmama sitzt am Fluss
und angelt nach der Kokosnuss.
Die ganze Affenbande brüllt:
„Wo ist die Kokosnuss?
Wo ist die Kokosnuss?
Wer hat die Kokosnuss geklaut?"

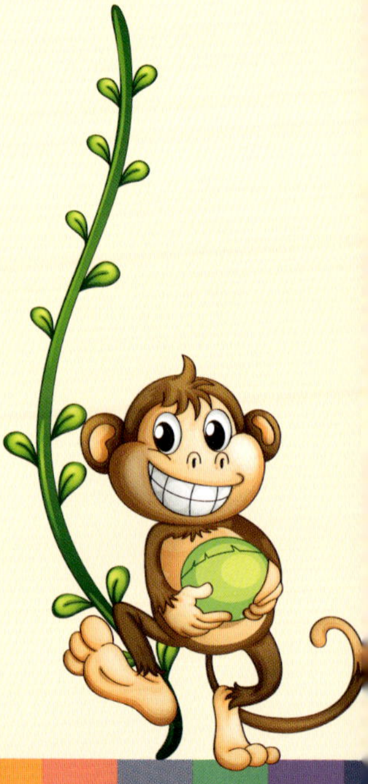

Der Affenonkel, welch ein Graus,
reißt ganze Urwaldbäume aus.
Die ganze Affenbande brüllt:
„Wo ist die Kokosnuss?
Wo ist die Kokosnuss?
Wer hat die Kokosnuss geklaut?"

Der Affenmilchmann, welch ein Schlick,
er lauert auf die Kokosmilch.
Die ganze Affenbande brüllt:
„Wo ist die Kokosnuss?
Wo ist die Kokosnuss?
Wer hat die Kokosnuss geklaut?"

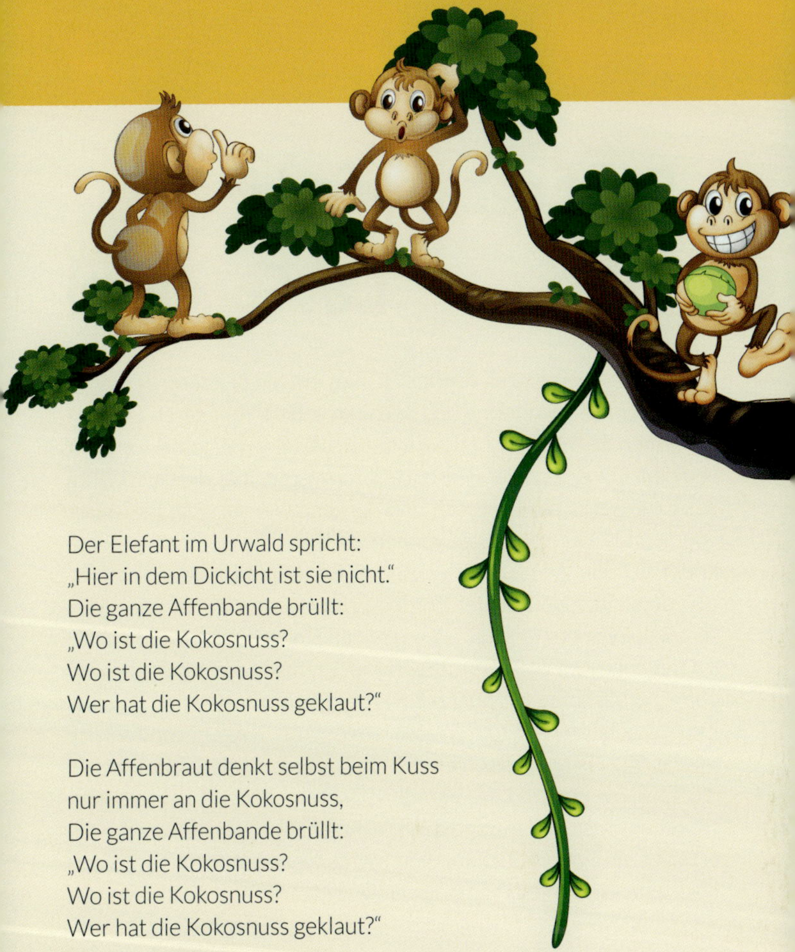

Der Elefant im Urwald spricht:
„Hier in dem Dickicht ist sie nicht."
Die ganze Affenbande brüllt:
„Wo ist die Kokosnuss?
Wo ist die Kokosnuss?
Wer hat die Kokosnuss geklaut?"

Die Affenbraut denkt selbst beim Kuss
nur immer an die Kokosnuss,
Die ganze Affenbande brüllt:
„Wo ist die Kokosnuss?
Wo ist die Kokosnuss?
Wer hat die Kokosnuss geklaut?"

Das Affenbaby voll Genuss
hält in der Hand die Kokosnuss.
Die ganze Affenbande brüllt:
„Hier ist die Kokosnuss!
Hier ist die Kokosnuss!
Es hat die Kokosnuss geklaut."

Und die Moral von der Geschicht',
klau keine Kokosnüsse nicht,
weil sonst die ganze Bande brüllt:
„Wo ist die Kokosnuss?
Wo ist die Kokosnuss?
Wer hat die Kokosnuss geklaut?"

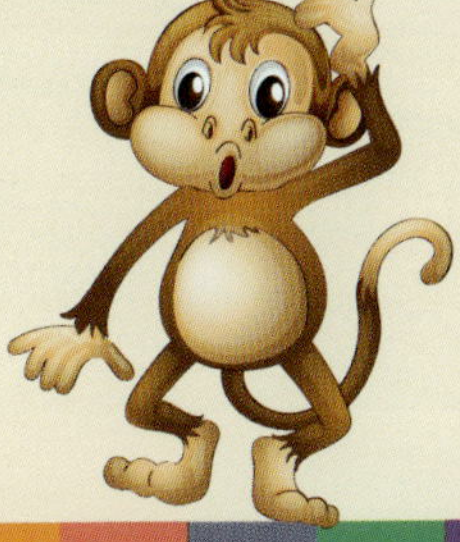

7 km ab 6 Jahren

Der Energiepfad im Laufbachtal

Bei diesem Themenweg dreht sich alles um die Nutzung des Wassers zur Stromgewinnung und auch um andere regenerative Energieformen. Sechs Stationen zwischen dem kleinen Wasserkraftwerk und dem Stausee an der Glashütte informieren über die Geschichte des Kraftwerks am Laufbach und darüber, wie aus Wasser, Wind, Sonne und Holz Energie gewonnen wird. Am Wasserkraftwerk befindet sich ein Wassertretbecken mit Barfußpfad, an der Glashütte – dem Wendepunkt der Entdeckertour – lockt ein kleiner Wasserspielplatz oder ein Fußbad im kleinen Stausee.

Los geht es am Wasserkraftwerk: am Laufbach entlang geht es auf dem Laufbachpfad zur knapp 1,5 km entfernten „Eisernen Brücke". Ein Abstecher hinauf zum „Wasserschloss" bedeutet hin und zurück jeweils etwa 800 m (wer hier nicht hinauf will, für den verkürzt sich die Tour auf etwa 5 km). Von der „Eisernen Brücke" geht es kurz weiter am Bach entlang und dann rechts steil hoch in den Wald. Man erreicht ein Fahrsträßchen, geht rechts weiter und vor dem Haus links einen schmalen Pfad noch einige Meter weiter hoch. Dann ist

Info

Startpunkt: Parkplatz am Wasserkraftwerk von Lauf

GPS: 48° 38' 25" N / 008° 08' 50" O

Anfahrt: Mit dem Pkw: In der Ortsmitte von Lauf von der L 86a nach Norden abbiegen und die Laufbachstraße etwa 1,5 km hinauffahren, rechts der Straße liegt das Wasserkraftwerk mit Parkmöglichkeiten.

Mit Bus und Bahn: vom Bahnhof Achern fährt die Buslinie 7122 (am Wochenende: 7135) über Lauf bis zur Glashütte. Bushaltestelle am Kraftwerk „In der Au".

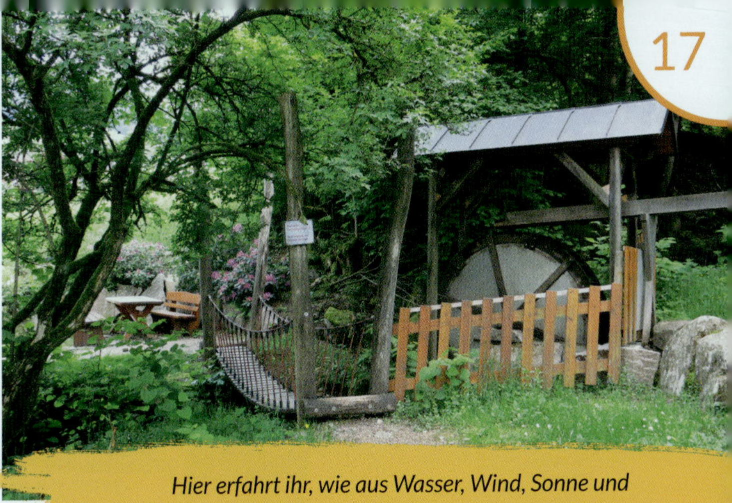

Hier erfahrt ihr, wie aus Wasser, Wind, Sonne und Holz Strom gewonnen werden kann! Und einen Wasserspielplatz gibt es auch!

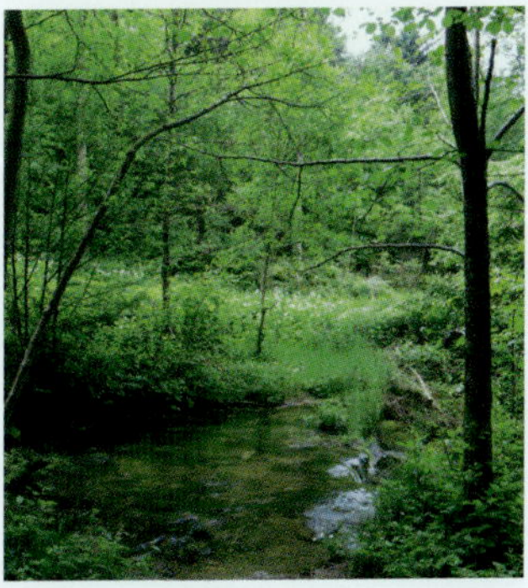

der Anstieg geschafft: Ab hier geht es fast eben weiter – unter dem Weg befindet sich die Wasserrohrleitung, die an einer Stelle sichtbar ist. Nach etwa 1,5 km ist man am kleinen Stausee. Dieser wird umrundet und direkt am Bach – mit einigen schönen Spielstellen – geht es gut 1 km auf dem Laufbachpfad zurück. Man erreicht eine kleine Furt, bleibt aber rechts vom Bach. Der Pfad steigt etwas an und führt an der nächsten Möglichkeit zur „Eisernen Brücke" hinunter (Achtung: Hier muss die Fahrstraße gequert werden). Ab hier nimmt man den Hinweg auf der anderen Bachseite knapp 1,5 km zurück zum Kraftwerk.

Tipp

Wer nur den Stausee und den kleinen Wasserspielplatz besuchen will, fährt mit dem Auto 3 km die Laufbachstraße weiter hinauf bis zu einem Parkplatz unterhalb der Staumauer (GPS: 48° 37' 50" N / 008° 10' 23" O). Oder man parkt nach 1,5 km an der „Eisernen Brücke" (GPS: 48° 38' 07" N / 008° 09' 44" O) und geht rechts des Bachs zum Stausee und links davon zurück (s. Beschreibung oben; diese Wegstrecke beträgt etwa 3 km).

3,5 km · ab 5 Jahren

Die Walderlebnisstation Hundseck

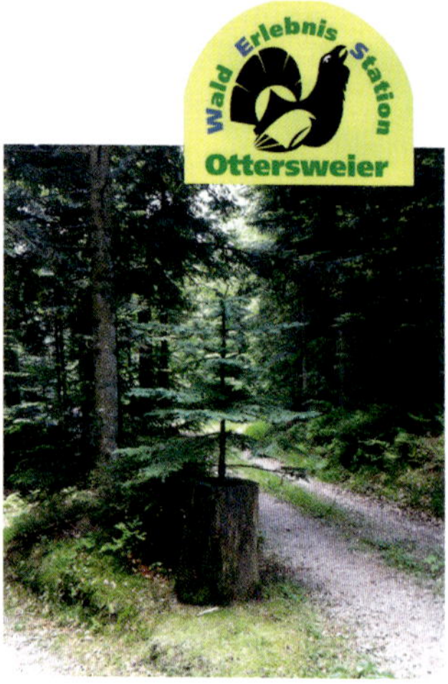

Diese versteckt im Wald liegende, schön angelegte Bildungseinrichtung zum Ökosystem Wald wurde für Schulklassen und andere Kindergruppen eingerichtet, die nach Anmeldung in dem kleinen Haus experimentieren, untersuchen und basteln können. Ein frei zugänglicher etwa 2 km langer Rätselpfad mit mehreren Stationen, ein 500 m langer Pirschpfad und ein kurzer Barfußpfad bieten allen Wald-Entdeckern viel Spannendes und Lehrreiches. Das idyllische Gelände umfasst außerdem eine kleine Wiese, Tische und Bänke

Info

Startpunkt: Parkplatz Hundseck an der B 500

GPS: 48° 38' 43" N / 008° 13' 52" O

Anfahrt: Mit dem Pkw: Hundseck liegt direkt an der B 500 (Schwarzwaldhochstraße) zwischen Sand und Unterstmatt.

Mit Bus und Bahn: Vom Bahnhof Baden-Baden aus fährt die Linie 245 über die Schwarzwaldhöhenstraße, Haltestelle „Hundseck". Von Bühl oder Forbach aus fährt die Linie 263 bis zum „Sand", dort umsteigen in die Linie 245 Richtung Mummelsee und eine Station bis Hundseck fahren.

Infos: Weitere Infos – auch für Gruppen, die die Station nutzen möchten – gibt es unter www.ottersweier.de/index.php?id=367 oder Tel. 07223 9860-45 oder -50.

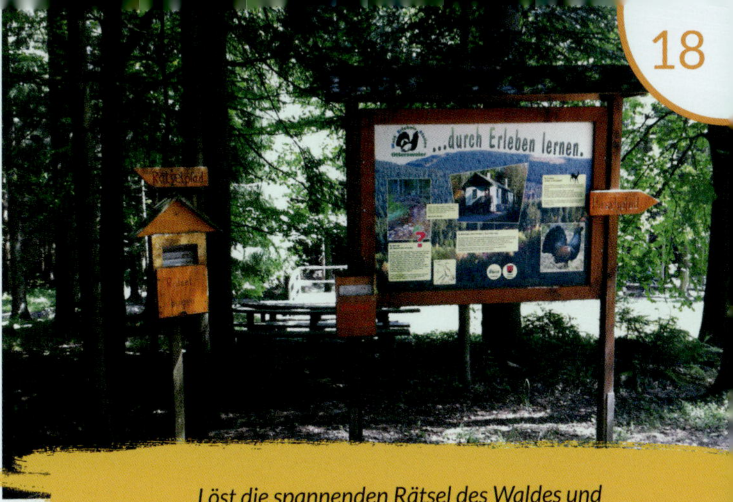

Löst die spannenden Rätsel des Waldes und macht euer „Waldmeister"-Diplom!

sowie einen Niederseilgarten, auf dem Kinder – ohne das Risiko, tief zu fallen – balancieren können.

Vom Parkplatz an Hundseck geht es – dem Symbol mit dem Auerhahn nach – vor der Ruine des Hotels vorbei und dann etwa 500 m leicht abfallend über die Skiwiese. Unterhalb einer Kreuzung liegt die Walderlebnisstation. Dort gibt es Fragebögen rund um den Lebensraum Wald (einen für Grundschulkinder und einen für Ältere), die auf dem ausgeschilderten Rätselpfad ausgefüllt werden können. Der „Lösungsautomat" an der Station überprüft dann die Antworten.

Der Rätselpfad verläuft ein Stück an einem kleinen Bächlein entlang – hier kann man an heißen Tagen wunderbar spielen. Auf dem Pirschpfad ein Stück weiter verstecken sich elf tierische Waldbewohner (aus Holz ausgesägt), die man sonst nur schwer zu Gesicht bekommt. Auf dem Barfußpfad in der Nähe der Station können verschiedene Untergründe ertastet werden.

Stifte, Wasser und Handtuch mitnehmen!

Tipp

Wer noch mehr laufen will: An der Walderlebnisstation beginnen zwei mit Symbolen ausgeschilderte Rundwege. Der Weg „Große Tanne" ist 5 km lang, der Greßbachweg ist 4 km lang.

19

3 km | ab 5 Jahren

Urwalderlebnis Bärlochkar/Enzklösterle

Dieser Pfad führt durch den Urwald von morgen. Der Bannwald Bärlochkar ist ein Totalreservat, in dem ein unberührter Wald heranwächst. Bizarre Baumgestalten wachsen in den Himmel, Flechten hängen in langen Bärten von den Ästen, Spechte meißeln ihre Bruthöhlen ins morsche Holz und es riecht nach Moos und Pilzen.

Interessante interaktive Schautafeln vermitteln Wissenswertes über Flora, Fauna und Geologie, hier wird deutlich, wie z.B. Gletscher die Hänge ausgehöhlt und Blockhalden geschaffen haben oder wie sich Fichten von Tannen unterscheiden und warum Waldmoose vor Hochwasser schützen.

Der gut 3 Kilometer lange Rundweg durch den Bärlochkar-Bannwald ist durchgehend mit einer Bärentatze ausgeschildert. Am Be-

Achtung: Bei Wind oder Sturm ist das Begehen des Pfades wegen herabfallender Äste zu gefährlich!

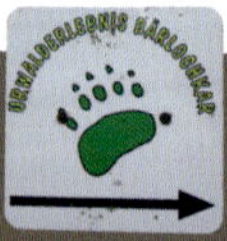

Info

Startpunkt: Wanderparkplatz Bärlochkar in Rohnbach

GPS: 48° 39' 09" N / 008° 27' 22" O

Anfahrt: Mit dem Pkw: Am Südende von Enzklösterle von der K 4367 (Freudenstädter Straße) nach Westen in die Rohnbachstraße abbiegen; nach ca. 1,5 km erreicht man auf einem schmalen Schottersträßchen am Waldrand den Parkplatz (ausgeschildert).

Mit Bus und Bahn: Mit der Buslinie 7780 von Bad Wildbad oder Freudenstadt, Haltestelle „Mittelenztal". Dann ca. 1,5 km der Ausschilderung „Urwalderlebnis Bärlochkar" folgen.

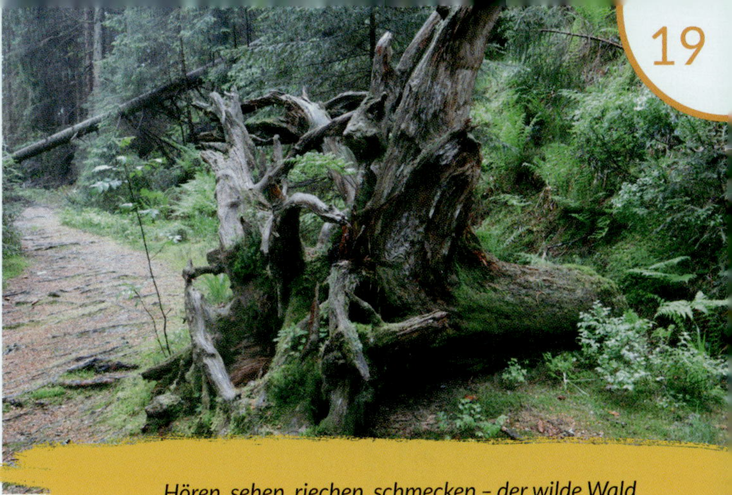

Hören, sehen, riechen, schmecken – der wilde Wald mit seinen Geheimnissen wartet auf euch!

ginn des Weges informiert eine Tafel über das Schutzgebiet. Zunächst geht es knapp 1 km über einen breiten Weg aufwärts, dann rechts ab über schmale Pfade und Wurzelwege. Am Schluss mündet der Pfad wieder auf einen breiten Waldweg, auf dem hinab man nach etwa 300 m wieder den Parkplatz erreicht.

Tipp

Hier noch weitere – allerdings kostenpflichtige – Erlebnisse:

- In Enzklösterle gibt es einen Adventure Golfpark: 18 Bahnen mit typischen Schwarzwald-Materialien sorgen für Minigolfspaß vom Feinsten, es wird über Trockenmauern, durch Wasser oder durch ein Felsenfeld gespielt ... Infos unter Tel. 07085 920349.
- Etwa 5 km südlich von Enzklösterle an der K 4367 liegt der Freizeitpark „Enzklösterle-Poppeltal" mit einer Riesenrutschbahn, Kettenkarussell, Trampolin, Piratenboot und weiteren Attraktionen; Infos unter www.riesenrutschbahn.de.
- Interessant ist auch der Waldklettergarten in Enzklösterle mit verschiedenen Schwierigkeitsgraden, einem Höhenlehrpfad und Seilbahn. Vom Ortszentrum ins Hirschtal Rcht. Skilift; Infos unter www.abamagx.de.
- Der gut 1 km lange Baumwipfelpfad in Bad Wildbad verläuft barrierefrei rund 20 m über dem Boden und hat interaktive Erlebnisstationen. Am Ende steht ein Turm mit Rutsche! Infos unter www.baumwipfelpfad-schwarzwald.de.

Der Natur- und Erlebnispfad Seewald-Besenfeld

Einmal im Uhrzeigersinn rund um den Seewalder Ortsteil Besenfeld führt „Felix der Seewaldfuchs“ die kleinen und großen Entdecker dieser Tour. 44 Wegweiser mit kniffligen Rätseln und lustigen Scherzfragen von Felix und seinen Freunden wollen beantwortet werden. Außerdem informieren 17 Tafeln über Tiere, Pflanzen und Umwelt in Wald und Flur. Wer will, holt sich vorher eine umfangreiche Sammelmappe (gegen etwa 5,00 EUR Schutzgebühr) mit Geschichten und Gedichten über Felix sowie Bastel- und Spielideen bei der Seewald Touristik – Gruppen können gegen Gebühr hier auch

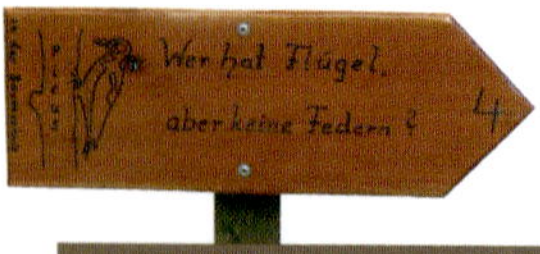

Info

Startpunkt: Parkplatz „Schönegründer Steige“

GPS: 48° 35′ 13“ N / 008° 25′ 09“ O

Anfahrt: Mit dem Pkw: direkt am Ortsende von Seewald-Besenfeld Rcht. Freudenstadt an der B 294 und der Abzweigung der L 350 ins Murgtal.

Mit Bus und Bahn: bis Bad Wildbad bzw. Freudenstadt mit der Bahn, danach mit Bus 7780 zur Haltestelle „Besenfeld Oberwiesenhof“ und von dort etwa 300 m Rcht. Süden (Freudenstadt) zum Ortsende und dem Parkplatz.

Infos: Bei der Seewald Touristik gibt es Sammelmappen mit vielen Spiel- und Bastelideen; www.seewald.eu oder Tel. 07447 9460-11.

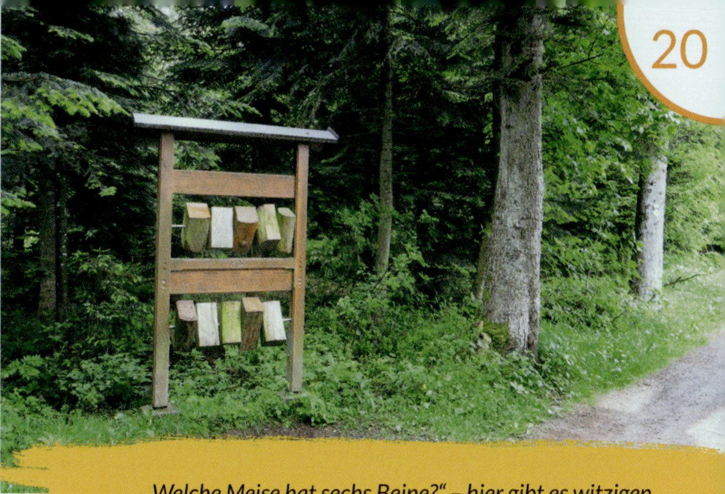

„Welche Meise hat sechs Beine?" – hier gibt es witzigen Rätselspaß mit Felix, dem Seewaldfuchs!

einen „Erlebnisrucksack" ausleihen – und geht dann auf Entdeckertour. Es geht aber auch ohne diese Zusatzinfos.

Der Weg beginnt am Ende des Parkplatzes, dort führt ein Teersträßchen aufwärts. Weitgehend geht es dann über breitere Wege, ab und an etwas holperig, aber im Ganzen barrierefrei. Der Weg ist durchgängig mit dem Symbol eines springenden Hirschen beschildert. Hölzerne Schilder mit den Rätselfragen weisen außerdem den Weg. Pfiffig: Die Lösung der Frage steht auf dem folgenden Schild. Unterhaltsam und auch lehrreich geht es so sehr kurzweilig von Schild zu Schild. Die Infotafeln und einzelne Spielstationen lockern die Tour zusätzlich auf.

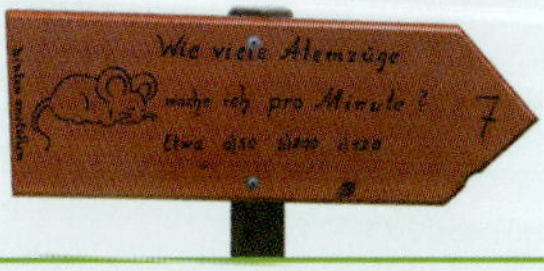

Tipp

Badespaß im Sommer bietet die Nagoldtalsperre im Seewalder Ortsteil Erzgrube (GPS: 48° 33' 00" N / 008° 28' 27" O). Der Stausee dort ist Wasserspeicher, Stromerzeuger und außerdem ein beliebtes Naherholungsgebiet. Im kleinen Vorsee mit flachem Uferbereich darf gebadet werden. Wiesen, ein Kinderspielplatz und Feuerstellen für Grill- und Lagerfeuer sowie ein Kiosk, eine Minigolfanlage und ein Tret-Go-Kart-Verleih sorgen für Unterhaltung.

5 km · ab 5 Jahren

Vom Mummelsee zum Grindenpfad

Der Mummelsee ist der größte Karsee des Nordschwarzwaldes und bis zu 18 m tief. Sein Name geht vermutlich auf die weißen Seerosen zurück, die im Volksmund „Mummeln" genannt werden. Direkt an der Schwarzwaldhochstraße (B 500) gelegen ist er beliebtes Ausflugsziel und Fotostopp. Vom Mummelsee aus geht es hoch zum „Grindenpfad", der oben auf der flachen Hornisgrindekuppe als etwa 2 km langer Rundweg verläuft. Dieser Lehrpfad mit elf Informationstafeln informiert über die Flora und Fauna der „Grindenlandschaft", einem der seltenen Hochmoore. Wissenswertes über die Entstehung eines Moores sowie über die hier weidenden Schafe wird kindgerecht und anschaulich vermittelt.

Der Rundweg beginnt hinter dem Mummelseehotel und führt zunächst etwa 1,5 km steil auf einem Teersträßchen hinauf – hier ist Durchhaltevermögen gefragt. Eine schöne – aber nicht barrierefreie – Alternative führt links der roten Raute folgend hinauf: an drei Gabelungen jeweils rechts hinauf, am Wegweiser „Katzenstein"

Info

Startpunkt: Parkplatz am Mummelsee

GPS: 48° 35' 40" N / 008° 12' 14" O

Anfahrt: Mit dem Pkw: der Mummelsee liegt direkt an der Schwarzwaldhochstraße (B 500) zwischen Unterstmatt und Ruhestein.

Mit Bus und Bahn: Von Achern mit der Linie 7123, von Ottenhöfen mit der Linie 7125, von Baden-Baden mit der Linie 245 und von Freudenstadt mit der Linie 12 oder am Wochenende mit dem Freizeitverkehr der Linie F 2 und F 11.

Infos: Über die Erlebniswelt Mummelsee unter www.mummelsee.de; über die Grinde-Hütte unter www.grindehuette.de

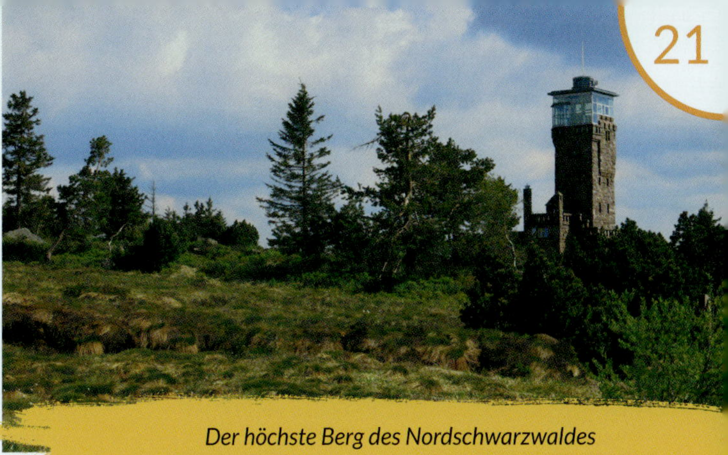

Der höchste Berg des Nordschwarzwaldes wartet auf euch – und mit ihm ein Moor, Schafe und das Auerhuhn!

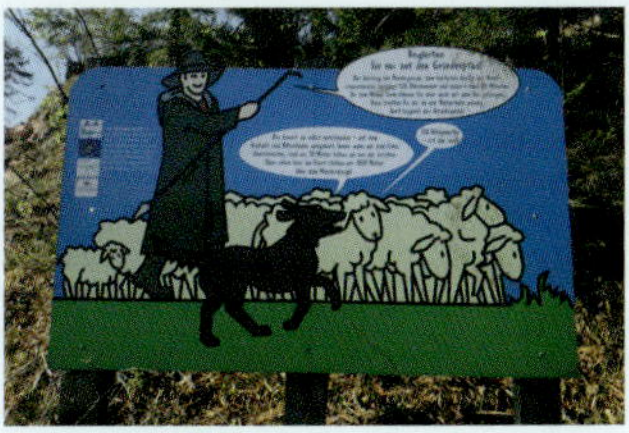

rechts die rote Raute verlassen und am Mummelseeblick vorbei auf das Teersträßchen zurück, wo uns 20 m oberhalb das Willkommenschild als 1. Station erwartet. Rechts am Hornisgrinde-Turm vorbei geht es mit schönem Blick auf das Rheintal und die Vogesen zum kleineren Bismarckturm. Kurz danach biegt man rechts auf einen Stein-, später Bohlenweg übers Moor ab. Am Auerhahn vorbei geht es zum Dreifürstenstein. 10 m davor führt ein Pfad links steil abwärts zur letzten Station und etwa 20 m hinter ihr geht es rechts zurück zur Teerstraße und wieder hinunter zum Mummelsee. Für Kinderwagen ist dieser Pfad nicht geeignet, die Alternative führt in diesem Fall am Dreifürstenstein vorbei zurück zum Hornisgrinde-Turm und das Teersträßchen hinunter.

Tipp

Unterhalb des Hornisgrinde-Turms verlockt die Grinde-Hütte zur Einkehr.
Am Mummelsee gibt es zahlreiche Vergnügungen: man kann Tret- oder Ruderboote mieten, es gibt einen Spielplatz und einen kleinen Ziegen-Streichelzoo. Der „Mummelseegeist" treibt seine Scherze und es werden Andenken und regionale Spezialitäten verkauft. Um den See herum führt ein barrierefreier Spazierweg, hier gibt es einige schöne Picknickplätze.

5,5 bzw. 9 km · ab 5 bzw. 7 Jahren

Wilder See und Wilder Wald am Ruhestein

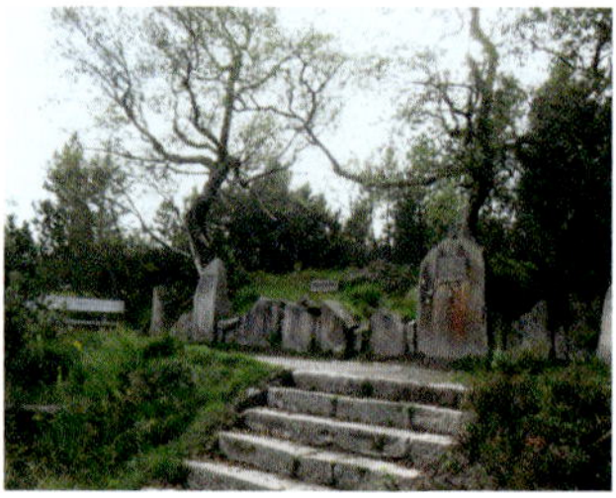

Hier am Ruhestein und seinem Nationalparkzentrum gibt es vielfältige Informationen und Ausstellungen zum Thema Wald und Naturschutz für kleine und große Menschen. In der Nähe entsteht das neue Nationalpark-Zentrum mit viel Platz und einer Aussichtsplattform. Neben dem Besuch des Zentrums wollen auch der Bannwald um den Wildsee und das Hochmoor am Seekopf entdeckt werden: eine spannende Tour über breite Wege und schmale Pfade, hoch zum Moor und steil abwärts zum versteckten See, der mit dem seit etwa 100 Jahren unberührten Wald bereits zum Wahrzeichen des Nationalparks geworden ist.

Info

Startpunkt: Parkplatz am Nationalparkzentrum Ruhestein

GPS: 48° 33' 40" N / 008° 13' 21" O

Anfahrt: Mit dem Pkw: Der Parkplatz liegt direkt an der Kreuzung von B 500 (Schwarzwaldhochstraße) und der L 401 aus Baiersbronn.

Mit Bus und Bahn: Mit der Bahn oder S-Bahn 41 bis Baiersbronn und von dort mit den Buslinien F 11 und 21 zum Ruhestein. Oder – von Westen kommend – über Achern und Ottenhöfen mit der Bahn, dann mit der Linie 7125 bis zum Ruhestein.

Infos: Das Nationalparkzentrum Ruhestein hat täglich geöffnet und bietet viele Veranstaltungen an; weitere Infos unter www.schwarzwald-nationalpark.de oder Tel. 07449 929980.

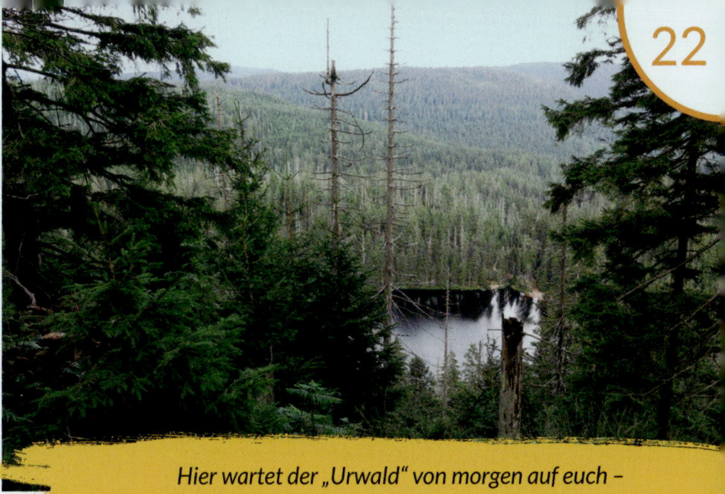

Hier wartet der „Urwald" von morgen auf euch – das Gebiet um den See herum ist Deutschlands ältester naturbelassener Wald!

Vom Ruhestein aus führt der Weg über die Skiwiese zum Seekopf – wer es gemütlich angehen lassen will, nimmt (gegen Gebühr) den kleinen Sessellift. Nahezu eben führt der breite Weg durch die Grindenweiden. Auf dem höchsten Punkt steht eine Informationstafel, die über den Bannwald und die anderen Schutzgebiete informiert. Nach insgesamt 2 km erreicht man die Grabstätte von Professor Julius Euting – Orientalist und Förderer der Erschließung des Nordschwarzwaldes und der Vogesen. Hier hat man einen wunderbaren Blick nach Osten auf den tief unten versteckt liegenden Wildsee. Einige Meter hinter der Grabstätte gabelt sich der Weg. Links geht es über den Wegpunkt „Bannwald" zur urigen Darmstädter Hütte (1,2 km). Oder man macht einen Umweg von 3,5 km zum Wildsee (nicht barrierefrei!): Dann geht es rechts auf schmalem Pfad zum Wegpunkt „Wildseewegle" und von dort im spitzen Winkel zum Wildsee hinab. Achtung: der Pfad ist sehr steil und manchmal rutschig. Vom Wildsee geht es weiter der gelben Raute folgend, an den Wegweisern „Seelach" und „Ehem. Falzhütte" vorbei, links hinauf zum „Bannwald". Von der Darmstädter Hütte geht es über den breiten Forstweg zurück zum Ruhestein (2,5 km).

Eine Spielpause am See entschädigt für den anstrengenden Weg – Baden ist hier aber nicht erlaubt!

6 km · ab 7 Jahren

Über den Karlsruher Grat bei Ottenhöfen

Diese große und großartige Entdeckertour beinhaltet eine nahezu alpine Klettertour und ist etwas für Schwindelfreie und Menschen mit starken Nerven. Der berühmte „Karlsruher Grat" – ein 400 m langer Felsgrat ohne Sicherungsseile – kann aber auch auf einem Wanderweg umgangen werden. Meist haben die Kinder weniger Angst als die Erwachsenen, sind zudem gelenkiger und koordinativ geschickter. Trotzdem heißt es hier achtgeben und nur das machen, was man sich zutraut.

Am Startpunkt geht es zunächst oberhalb der Straße der gelben Raute nach Süden Rcht. Schliffkopf folgend zum etwa 500 m entfernten Wegpunkt „Heidelbeermauer" hinauf. Ab hier geht es abwärts Rcht. „Blöchereck": Nach etwa 500 m erreicht man die Straße (K 5370 – Achtung: Kinder festhalten!) und muss hier leider etwa 100 m am rechten Straßenrand entlang, bevor der Weg schräg nach

Info

Startpunkt: Nicht gekennzeichneter Parkplatz an der Straße, in einer Innenkurve liegend auf Höhe der Schilder „Kernhof" und „Bosenstein"

GPS: 48° 33' 53" N / 008° 11' 39" O

Anfahrt: Mit dem Pkw: Von der B 500 am „Ruhestein" nach Westen auf die K 5370 abbiegen. Oder – von Westen kommend – über Achern nach Ottenhöfen und dort nach rechts auf die Allerheiligenstraße (K 5371) und schließlich links auf die K 5370 einbiegen.

Mit Bus und Bahn kommt man hier nicht hin.

Infos: Kurz vor Ende der Tour etwa 100 m unterhalb des Parkplatzes bietet das „Gasthaus Bosenstein" Einkehrmöglichkeit (Mi Ruhetag), Tel. 07842 30822.

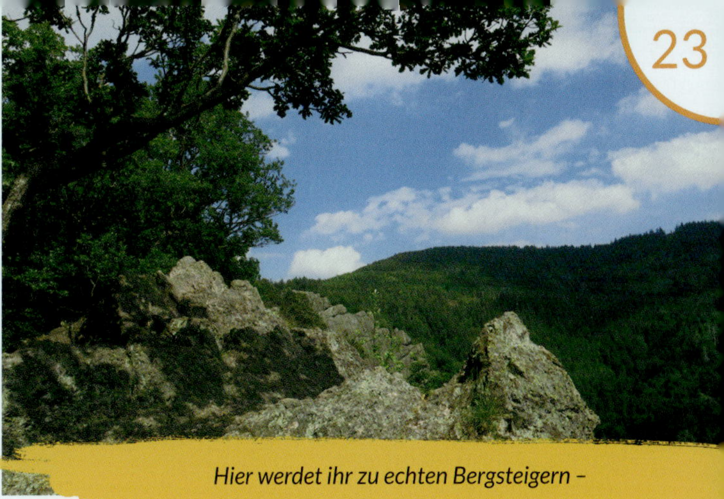

Hier werdet ihr zu echten Bergsteigern – mutig, trittsicher und schwindelfrei!

rechts unten abbiegt. Nach 10 m gelangt man auf einen breiten Forstweg, dem man nach rechts um die U-Kurve folgt. Direkt dahinter führt die gelbe Raute rechts abwärts und ihr weiter abwärts folgend erreicht man nach gut 1 km ein Teersträßchen. Wer die Tour um 1 km und einige Höhenmeter verlängern will, kann hier geradeaus weiter zum Blöchereck wandern, wendet sich am dortigen Parkplatz nach rechts, verlässt nach etwa 500 m die Straße nach links auf einem steilen Pfad hinunter und kommt an den Gottschlägbach, dem man bachaufwärts bis zum „Schnapsbrünnle" folgt. Unsere – weniger anstrengende – Route führt bei Erreichen des Teersträßchens rechts Rcht. Karlsruher Grat und Bosenstein. Idyllisch an zwei Gehöften und Wiesen vorbei erreicht man nach 1,5 km das „Schnapsbrünnle", das auch nicht-alkoholische Getränke führt (Kleingeld bereithalten!). Hier beginnt der gut 500 m lange Aufstieg zum Grat. Am Herrenschrofen vorbei geht es zum Wegpunkt „Am Karlsruher Grat". Von hier sind es noch gut 1,5 km zurück zum Parkplatz. Man hat die Wahl: entweder nimmt man den normalen Wanderweg über den Dreierschrofen und dann der blauen Raute folgend oder den Klettersteig über den Karlsruher Grat nach rechts. Hier gibt es nochmals zwei Möglichkeiten: Direkt vor dem ersten Felsen führt ein kleiner Umgehungspfad links unterhalb des Grats entlang. Dieser Pfad führt

Der Karlsruher Grat ist nur bei trockenem Wetter machbar – sonst unbedingt den Umgehungsweg über den „Dreierschrofen" nehmen!

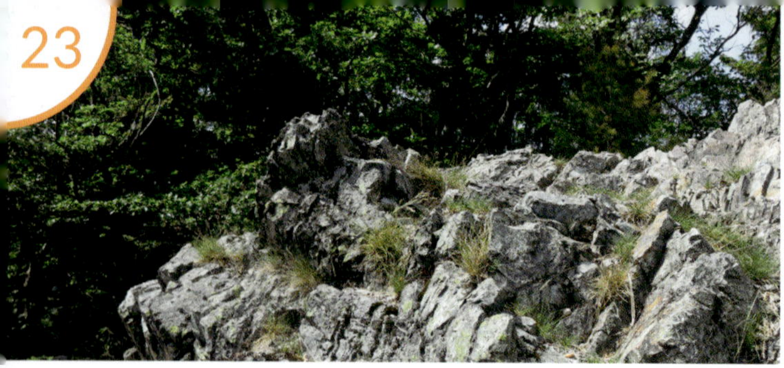

im ersten Teil immer wieder auf den Grat, ohne dass man über ausgesetzte Stellen müsste. Wer also nicht ganz sicher ist, ob er die Kletterei bewältigt, kann zunächst am ersten Felsen hoch und – wenn man sich doch zu unsicher fühlt – im Verlauf der ersten 100 bis 200 m auf den links unterhalb verlaufenden Pfad ausweichen. Am Punkt „Alois-Pfad“ verlässt der Umgehungspfad den Grat endgültig und führt hinunter zum offiziellen Umgehungsweg mit der blauen Raute. Am Ende der Passage treffen Klettersteig und blaue Raute wieder aufeinander: Hier (Holzschild „Bosenstein“) ist ein guter Treffpunkt, falls die Gruppe verschiedene Wege gegangen ist. Zum Bosenstein (Einkehrmöglichkeit) sind es noch etwas anstrengende 500 m bergauf, am Teersträßchen angekommen, liegt der Gasthof links unterhalb. Zum Parkplatz geht es rechts etwa 100 m das Sträßchen hoch.

Tipp

Wer sich für Geologie interessiert, sollte den „Ottenhöfener Felsenweg“ erleben. Hier informieren Schilder über die Entstehung der Granitformationen und Porphyrschlote. Der Weg ist allerdings 11 km lang und hat reichlich Höhenmeter. Er beginnt und endet in Ottenhöfen an der Bahnhaltestelle „Ottenhöfen/West“ (GPS: 48° 34‘ 03“ N / 008° 08‘ 35“ O). Eine 7 km lange Variante beginnt oben in Blaubronn (GPS: 48° 33‘ 52“ N / 008° 07‘ 18“ O) – hier geht es direkt zum Sesselfelsen, danach zu Spitzfelsen, Breitfelsen, den Rappenschrofen, den Katzenschrofen und den Palmfelsen.

Eine schöne Tour ist auch der gut ausgeschilderte „Ottenhöfener Mühlenweg“. Auf dem 12 km langen Weg können neun liebevoll restaurierte Wassermühlen besucht werden – man kann aber auch nur Teilabschnitte des Weges gehen. Vorwiegend führt der Weg über Asphaltstraßen (barrierefrei), allerdings geht es ordentlich rauf und runter. Der Mühlenweg beginnt am Ottenhöfener Bahnhof bzw. dem Kurpark, wo es auch eine Infotafel gibt. Weitere Infos unter www.ottenhoefen-tourismus.de.

Robinson, Robinson …

Robinson, Robinson
fuhr in seinem Luftballon,
und als er wieder runterkam,
da war er wieder da.
Das war die erste (zweite – dritte …) Fahrt von Robinson.

Das Lied hat so viele Strophen, wie Robinson Fahrten unternimmt. Man kann die dritte und vierte Liedzeile auch ersetzen durch:

Er fuhr bis nach Amerika
(oder einen beliebigen anderen Ort),
dann war er wieder da.

So lässt sich das Lied mit einer Aufzählung aller Orte und Länder, die die Kinder schon kennen, kombinieren.

3 km ab 4 Jahren

Die Ruine Schauenburg mit Waldlehrpfad

Am Eingang des Renchtales steht auf einem gewaltigen Granitvorsprung die Ruine Schauenburg. Sie gilt als eine der schönsten Burganlagen des Mittelalters, denn sie ist genial als kombinierte Hoch- und Tiefburg konstruiert, d. h. sie hat einen Schutzwall gegen Osten und zugleich einen Burggraben im Westen. Heute ist die weitläufige Ruine mit ihren teils hoch aufragenden Mauerresten frei zugänglich. Kinder können hier – unter Aufsicht! – klettern und toben.

Am oberen, nordöstlich gelegenen Weg um die Burg beginnt ein etwa 3 km langer schmaler Waldlehrpfad in Form einer Acht rund um das Thema „Wald". 40 kleine Informationstafeln geben z. B. Auskunft über die Baumarten und ihre vielfältige Verwendung sowie die Funktionen des Waldes für Klima- und Bodenschutz und als Trink-

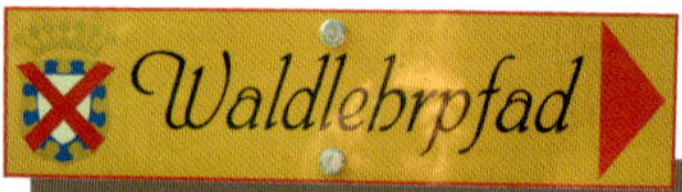

Info

Startpunkt: Parkplatz unterhalb der Burgruine

GPS: 48° 32′ 18″ N / 008° 05′ 41″ O

Anfahrt: Mit dem Pkw: Im Zentrum von Oberkirch von der B 8 in nord-östlicher Rcht. abbiegen (der Beschilderung folgen). Insgesamt 4 Parkplätze hintereinander stehen zur Verfügung, vom 3. Parkplatz führt ein kleiner separater Schotterweg – der Simplicissimus-Kunstweg – zur Burganlage und dem Lehrpfad.

Mit Bus und Bahn: Mit der Ortenauer S-Bahn bzw. der Buslinie 7137 von Offenburg zum Bahnhof Oberkirch (von dort etwa 2 km zur Burg).

Infos: Eine schöne Einkehrmöglichkeit bietet die Schauenburg-Burgwirtschaft mit großer Aussichtsterrasse (Mo Ruhetag); Infos unter www.schauenburg.de oder Tel. 07802 2253.

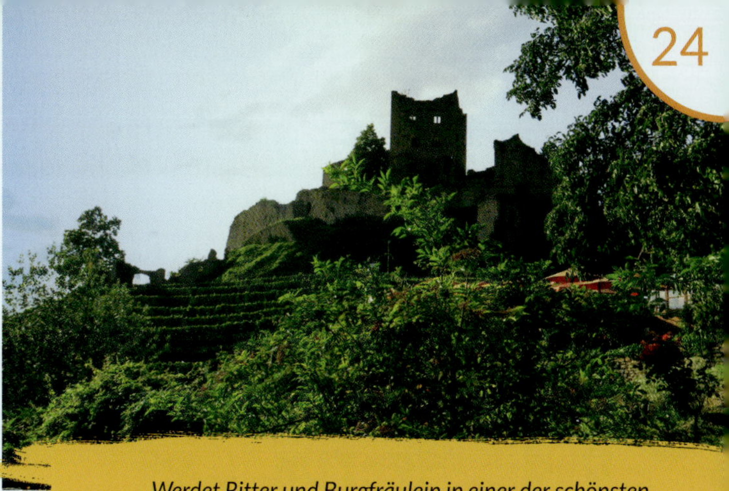

Werdet Ritter und Burgfräulein in einer der schönsten Burgruinen des Schwarzwalds!

wasserspeicher. Neben dem ökologischen Nutzen erfährt man auch etwas über die wirtschaftliche Bedeutung des Waldes.

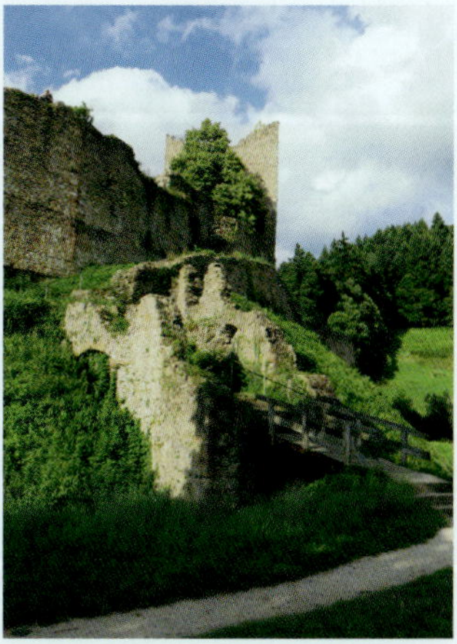

Für Kinder wie für Erwachsene ein tolles Erlebnis, denn neben dem kleinen Rundweg und der großen Burgruine lädt auch die Terrasse des Burg-Restaurants mit wunderbarem Blick auf Oberkirch, die Weinberge und die Rheinebene zum Entspannen ein.

Wie sähe unsere Erde wohl aus, wenn es keinen Wald gäbe?

Tipp

Ritterausrüstungen, Kutten und weiße Schleier sowie Holzschwerter, Schilde, etwas zu trinken und essen und eine Picknick-Decke mitnehmen – und in der Burgruine einen tollen Mittelalter-Tag erleben!

4 km ab 6 Jahren

Die Allerheiligen Wasserfälle mit Klosterruine und Sagenrundweg

Dieses Walderlebnis bietet eine beeindruckende Klosterruine, tolle Wasserfälle, einen spannenden Weg durch die Schlucht des Lierbaches und dazu noch einige Sagen.

Der Sagenrundweg ist gut ausgeschildert: Nach Überqueren der Straße geht es zunächst links bergauf, bis man den Stein mit der Sage vom „Moospfaff" erreicht. Hier geht es dann rechts und immer weiter zur „Engelskanzel" mit einem beeindruckenden Ausblick auf die Wand der tiefen Schlucht und die Wasserfälle ganz unten. Nach insgesamt 2,5 km erreicht man die Klosterruine Allerheiligen und

Info

Startpunkt: Parkplatz unterhalb der Allerheiligen Wasserfälle

GPS: 48° 31' 41" N / 008° 11' 17" O

Anfahrt: Mit dem Pkw: Von Oppenau auf der K 5370 durchs Lierbachtal bis zum Parkplatz an den Allerheiligen Wasserfällen. Oder über die B 500 (Schwarzwaldhochstraße), am Ruhestein auf die K 5370 abbiegen; Achtung: Man erreicht dann zuerst die Parkplätze direkt am Kloster (für diejenigen, die nur kurz die Klosterruinen besichtigen wollen), fährt aber noch knapp 4 km weiter zum Parkplatz unterhalb, der in einer Spitzkehre liegt.

Mit Bus und Bahn: An Wochenenden und Feiertagen vom Bahnhof Oppenau mit der Panoramalinie 7125; sonst fährt um ca. 9:30 ein Kleinbus zu den Allerheiligen Wasserfällen.

Infos: Einkehrmöglichkeit in der Gaststätte Klosterhof in Allerheiligen (Mo–Mi Ruhetag); Infos unter www.kloster-allerheiligen.de oder Tel. 07804 1200.

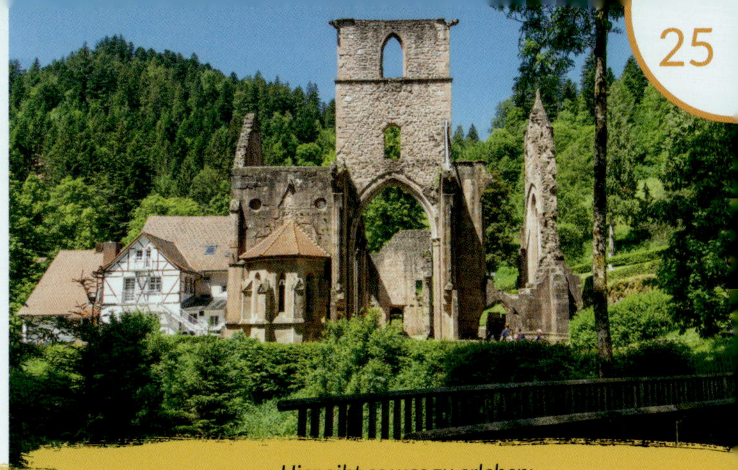

Hier gibt es was zu erleben:
Wasserfälle, Aussichtsfelsen, Schluchten, die Ruinen eines Klosters und ein paar Sagen als Zugabe!

den Gasthof. Die Gebäude unterhalb des Gasthofs beherbergen einen Souvenirladen und ein Museum. Der Rückweg führt an den Wasserbecken und am Denkmal des Schwarzwaldvereins für die Gefallenen des I. Weltkriegs vorbei zum Wasserfall. Über zahlreiche Treppen und schmale Pfade geht es insgesamt 1,5 km hinab, bis man wieder am „Eingang" der Wasserfälle und dem Parkplatz ist.

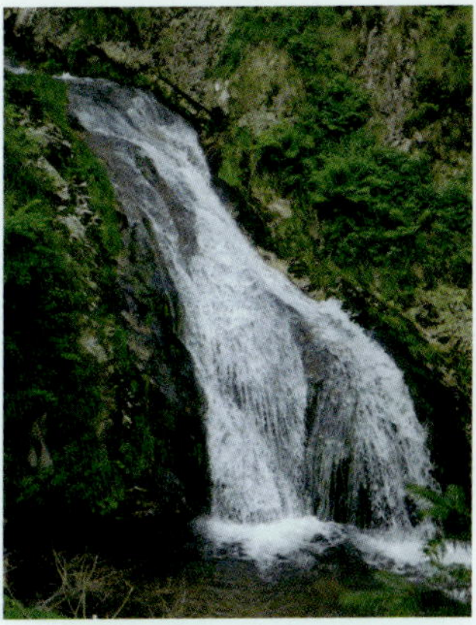

Am Wochenende ist hier sehr viel los:
besser auf ruhige Wochentage ausweichen!

Tipp

Der Weg lässt sich auch gut in umgekehrter Richtung gehen: allerdings geht es dann die vielen Treppenstufen hoch – beschwerlich für kurze Beine. Am Gasthof orientiert man sich an der Beschilderung „Engelskanzel" und danach am „Wasserfallwegle".

1 km bzw. 4 km — ab 4 Jahren

Lothar- und Specht-pfad am Schliffkopf

Als Orkan „Lothar" am zweiten Weihnachtsfeiertag 1999 mit Windgeschwindigkeiten von über 200 Stundenkilometern über Baden-Württemberg hinwegfegte und in den Wäldern des Landes große Schäden anrichtete, war das auch eine Chance auf neues Leben für eine Vielzahl von Pflanzen und Tieren, die sich in den Brachflächen ansiedelten. So entstand die Idee, eine der Sturmflächen

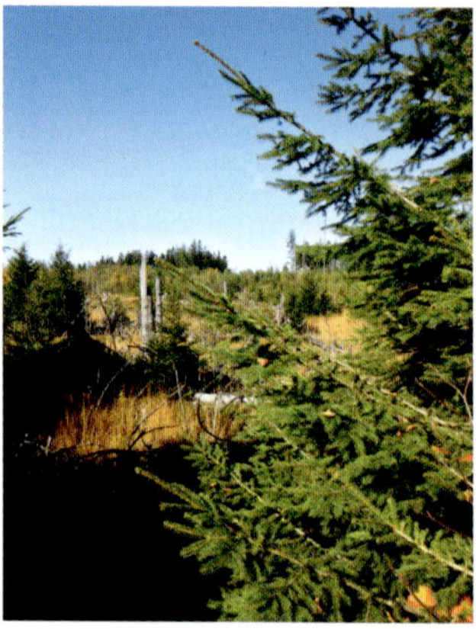

Info

Startpunkt: Parkplatz am Lotharpfad

GPS: 48° 30' 24" N/ 008° 13' 24" O

Anfahrt: Mit dem Pkw: Der Parkplatz liegt direkt an der B 500 zwischen Baden-Baden und Freudenstadt, etwa 4 km südlich vom Schliffkopf (beschildert).

Mit Bus und Bahn: aus dem Murgtal (mit der S 41) nach Baiersbronn oder Freudenstadt, von dort Rcht. Mummelsee: werktags mit der Linie 12 (Katz), sonn- und feiertags mit dem Freizeitbus F 2 zur Haltestelle „Lotharpfad". Oder von Achern kommend mit dem Regionalbus 7123, am „Mummelsee" umsteigen in die o.g. Linien Rcht. Freudenstadt.

Infos: Vom Team des Nationalparks Schwarzwald werden Führungen angeboten (www.nationalpark-schwarzwald.de; Tel. 07449 92998444).

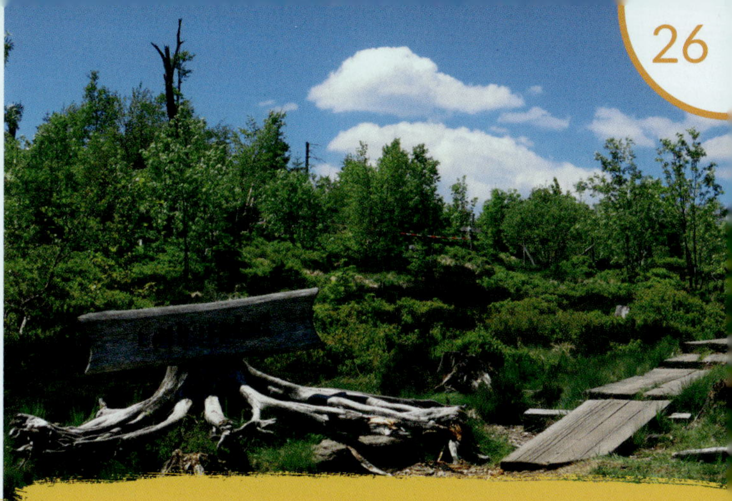

Wenn der Sturm die Bäume umwirft – hier seht ihr Wurzeln, alte Baumskelette und wie sich Pflanzen und Tiere ihren Wohnraum zurückholen!

im Nordschwarzwald nicht wieder wirtschaftlich zu nutzen. Seit 2003 existiert der „Lotharpfad" als Sturmwurf-Erlebnispfad und die Natur ist hier sich selbst überlassen.

Der knapp 1 km lange – nicht barrierefreie – Lehr- und Erlebnispfad, häufig als Bohlenweg ausgebaut, führt über Stege, Leitern und Treppen und bietet viele Einblicke, wie die Natur im Lauf der Jahre mit einer Brachfläche umgeht. Lehrtafeln informieren über den Sturm und den so entstandenen neuen Lebensraum für Tiere und Pflanzen.

Neu angelegt wurde zudem der barrierefreie „Spechtpfad", der eine Verbindung zum Lotharpfad hat.

Erweitern kann man die sehr kurzweiligen Pfade um den insgesamt 4 km langen, weitgehend eben verlaufenden Panorama-Rundweg. An der großen hölzernen Aussichtsplattform geht es weiter geradeaus – einfach der Beschilderung folgen.

Die Pfade sind frei zugänglich, es wird kein Eintritt verlangt. Um freiwillige Spenden wird an einer Kasse am Ende des Rundganges gebeten.

Achtung: An den Wochenenden kann es recht voll werden. Ruhiger ist es während der Woche!

5 bis 10 km · ab 7 Jahren

Im Baiersbronner Tonbachtal

Ein idyllisches wie lehrreiches Walderlebnis, denn die Tour nutzt weitgehend den Baiersbronner Erlebnispfad „Wilder Wald im Wandel", bei dem es um das Leben der Menschen im und vom Wald zu früheren Zeiten geht. Es wird von Flößern und Köhlern, Holzhauern, Harzern und Fuhrknechten erzählt und davon, wie bescheiden oder gar armselig das Leben der Bevölkerung hier war.

Der gesamte Rundweg mit 34 Stationen ist fast 10 km lang, kann aber an mehreren Stellen abgekürzt werden. Zunächst spaziert man am Tonbach entlang durch Wiesen, lose Bebauung und kleine Waldstücke, im zweiten Drittel der Tour geht es vom Talboden weg etwas weiter oberhalb durch den Wald und auf dem letzten Drittel hat man schöne Sicht auf das idyllische Tonbachtal. Das allerletzte Stück führt dann wieder direkt am Bach entlang.

Info

Startpunkt: Parkplatz in der Nähe des Hotels „Traube Tonbach" (nicht die für Hotelgäste reservierten Plätze nutzen!)

GPS: 48° 32′ 19" N / 008° 21′ 30" O

Anfahrt: Mit dem Pkw: Von der B 462 am nordöstlichen Ortseingang von Baiersbronn nach Norden auf die K 4736 abbiegen (Tonbach ist ausgeschildert). Die Straße führt zunächst durch das Industriegebiet von Baiersbronn und dann ins Tonbachtal. An den ersten Parkplätzen vorbeifahren, erst direkt in Tonbach-Kohlwald parken. Alternativ etwas südlich den großen Parkplatz mit der Brunnen-Skulptur nutzen (von dort geht ein kleiner Zickzackpfad hinab zum Tonbach).

Mit Bus und Bahn: Mit Bahn oder S-Bahn (S 31 oder 41) bis Baiersbronn und von dort weiter mit dem Bus 22 zur Haltestelle „Tonbach Traube/Tanne".

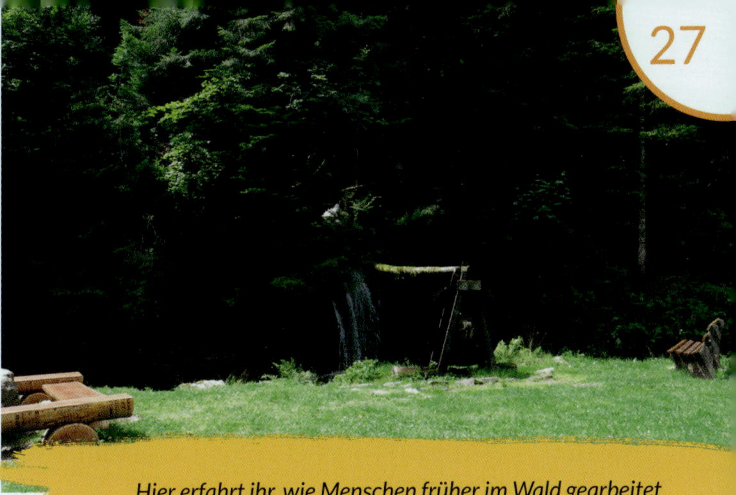

Hier erfahrt ihr, wie Menschen früher im Wald gearbeitet haben und wie hart ihr Leben war!

Hier nur zwei von mehreren Varianten: Vom Parkplatz geht es in südwestlicher Rcht. hinab zum Tonbach und zu Station 1 und dann immer den Schildern nach bachaufwärts. Direkt hinter Station 8 auf der rechten Bachseite kann man abkürzen und sofort zum Pudelstein (Station 22) hinaufsteigen – das verkürzt die Tour auf etwa 5 km.

Oder man folgt den ersten Stationen bis zum nördlichen Talende und folgt dem Erlebnispfad zurück, kann aber dann z. B. bei Station 18, 25, 27 oder nach den Stationen 28 oder 29 wieder hinab zum Tonbach steigen und den ebenen Weg am Bach entlang zurückgehen – das verkürzt die Tour auf etwa 6 bis 7 km.

Am Ende der Tour kann man – gutes Wetter vorausgesetzt – einen Rast- und Spielaufenthalt am Wassertretbecken (direkt am Bach, auf Höhe von Station 4) einplanen. Von dort geht ein direkter Weg hoch zurück zum Parkplatz.

Die Infos des Themenwegs sind eher etwas für Grundschulkinder, Jugendliche und Erwachsene.

Tipp

Zum Erlebnispfad (Nr. 5) „Wilder Wald im Wandel" gibt es einen Flyer in der Baiersbronn Touristik oder im Internet. Über diesen und weitere „Erlebnispfade" rund um Baiersbronn gibt es Infos unter www.baiersbronn.de oder Tel. 07442 84140.

5 bis 7 km   ab 4 Jahren

Das Sankenbachtal und die Wasserfälle

Das ist eine sehr idyllische Entdeckertour: ein schöner Weg am kleinen Sankenbach entlang, ein Wildgehege, ein See mit Picknick- und Grillmöglichkeiten, und für die, die mehr wollen: eine spannende Kraxelei entlang der Wasserfälle und als Krönung ein Stauwehr, das von jedem Entdecker und jeder Entdeckerin selbst bedient werden kann.

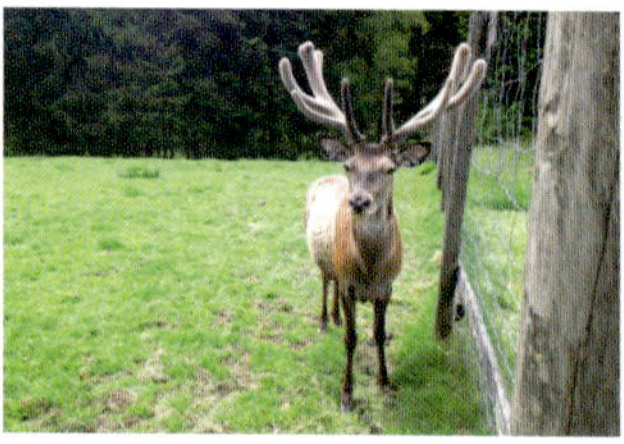

Vom Beginn des Parkplatzes geht es am Wildgehege mit Rotwild vorbei, sofort gabelt sich der Weg und man folgt dem etwas rechts hinabführenden Weg. Kurz darauf zweigt rechts das nicht barrierefreie „Spielplatzwegle" ab, das man sich aber vielleicht besser für den Rückweg aufhebt. Am Wegpunkt „Sankenbach-Brückle" vorbei kommt man nach etwa 1 km zum Wegpunkt „Sankenbach-Furt", hier kann man a) rechts den Sankenbach überquerend über einen schmalen holprigen Pfad (nicht barrierefrei),

Info

Startpunkt: Wanderparkplatz „Sankenbach" am Wildgehege

GPS: 48° 29' 25" N / 008° 21' 31" O

Anfahrt: Mit dem Pkw: Von der B 462 in Baiersbronn nach Westen in die Forbachstraße und weiter in die Sankenbachstraße abbiegen, vorbei am Parkplatz des Sessellifts bis zum Wanderparkplatz am Wildgehege.

Mit Bus und Bahn: mit der S41 (Karlsruhe–Freudenstadt) bis zur Haltestelle „Baiersbronn-Unterdorf", von hier ins Sankenbachtal: Auf dem Fußweg mit der blauen Raute am Bach etwa 2 km bis zum Wildgehege spazieren.

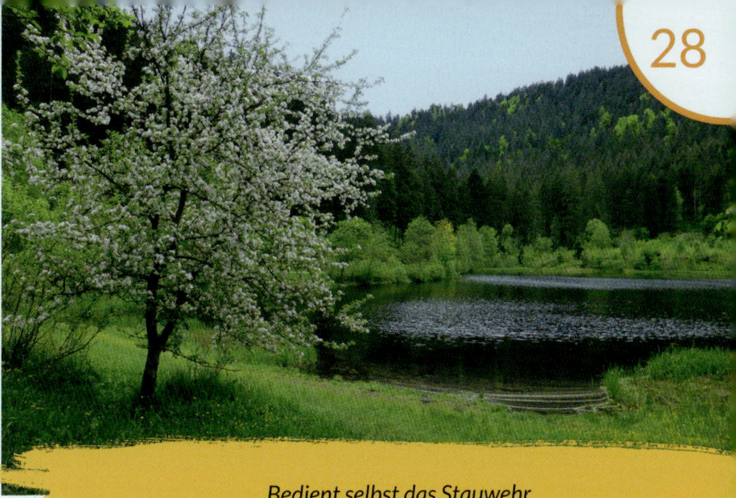

Bedient selbst das Stauwehr und lasst den Wasserfall zu Tal rauschen!

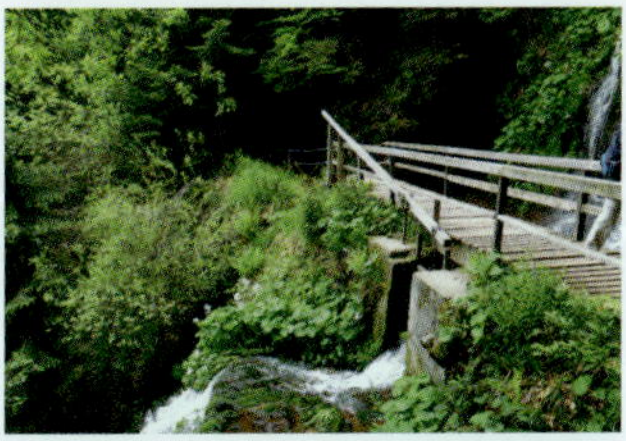

oder b) links über den breiten Weg den 1,5 km entfernten See erreichen. Links um den See herum kommen einige gute Rastplätze (mit Grillmöglichkeit).

Wer mehr will, kann nun noch den anstrengenden, aber einmalig schönen Aufstieg (nicht barrierefrei) knapp 1 km entlang der fünf Wasserfälle (der höchste ist 25 m hoch) in Angriff nehmen. Oberhalb des letzten Wasserfalls führt eine Holzbrücke auf die andere Seite. Dort kann ein Schleusentor geöffnet werden, das aus dem fröhlich plätschernden Wasserfall eine tosende Flut macht! Über Brückchen und Stege geht es weiter hoch bis zur Wasserfallhütte. Nach einer Verschnaufpause geht es dann wieder auf gleichem Weg zurück zum See (Alternative: Eine Tour von etwa 5,5 km [also gesamt 9 km] über die Wegpunkte Weihermisse, Prof.-Endriss-Weg, Wasenhütte, Gruber Kopf, Metzenberg und Sohlberg bringt ausdauernde Wanderer zurück zum Wegpunkt „Wildgehege", wo der Parkplatz ist).

Tipp

Etwa 1,5 km bachabwärts gibt es die „Sankenbach Lodge" mit einer Segway- und E-Bike-Station. Interessant ist auch eine Fahrt mit der Sesselbahn, die hoch zur rustikalen Einkehrmöglichkeit „Glasmännlehütte" führt. Infos unter www.baiersbronn.de.

2,5 km ab 4 Jahren

Der Baiersbronner Holzweg

Der Holzweg am westlichen Rand von Baiersbronn ist ein 2,5 km langer sehr schöner und gut beschilderter Lehrpfad für Kinder, auf dem es v.a. um eines geht: ums Holz. An 16 interaktiven Stationen wird spielerisch vermittelt, welche Eigenschaften dieser einerseits so alltägliche, andererseits so kostbare Rohstoff besitzt. Riesige Wurzeln und Stämme zum Klettern, ein Barfußpfad, eine Pflanzschule, ein überdimensionales Klangspiel aus Holz und weitere Überraschungen laden Groß und Klein zum Ausprobieren und Experimentieren ein. Im

Wasser und Handtuch mitnehmen!

Info

Startpunkt: Parkplatz „Heuberg/Holzweg"

GPS: 48° 30' 21" N / 008° 21' 12" O

Anfahrt: Mit dem Pkw: In Baiersbronn von der B 462 etwa 100 m südl. des Kreisels (Kreuzung B 462 und L 401) nach Westen in die Wilhelm-Münster-Straße einbiegen (Rcht. Tourist-Info), nach 200 m halbrechts in den Bildstöckleweg, kurz darauf den Winterseitenweg und diesem etwa 1 km folgen, dann links in die Hohlgasse und gleich rechts eine schmale Straße hoch, die in ein Schottersträßchen übergeht. Am 1. Parkplatz vorbei, erst hinter der Kurve liegt der Parkplatz „Heuberg/Holzweg".

Mit Bus und Bahn: Mit der S 41 (Karlsruhe–Freudenstadt) bis Bahnhof Baiersbronn; dann etwa 1,5 km zu Fuß (s. Anfahrtsbeschreibung mit Pkw).

Infos: Weitere Informationen gibt es unter www.baiersbronn.de oder bei der Baiersbronn Touristik, Rosenplatz 3, Tel. 07442 8414-0.

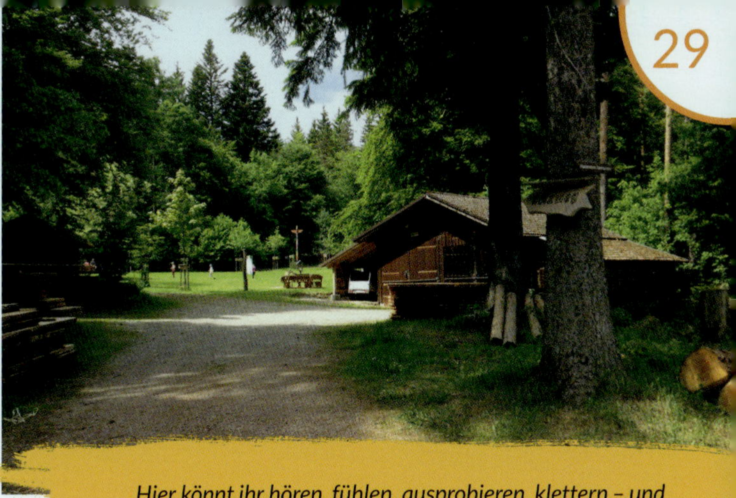

Hier könnt ihr hören, fühlen, ausprobieren, klettern – und werdet so zu wahren Holz-Experten!

Zentrum des Lehrpfades lädt eine sonnige Wiese zum Rasten und Spielen ein, schattige Sitzgruppen sorgen an heißen Sommertagen für Erholung. Am Ende des Weges – durch einen kleinen Umweg erreichbar – liegt ein Spielplatz, für alle, die noch Kraft zum Toben haben!

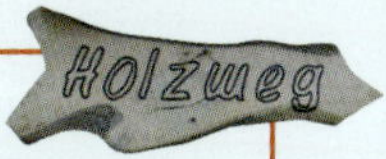

Warum man manchmal „auf dem Holzweg“ ist!

Diese Redewendung bedeutet ja, dass man sich geirrt hat und irgendwie „verkehrt“ ist. Früher, als es noch wenige Straßen, Schilder oder gar Karten gab und die Reisenden durch den tiefen Wald mussten, konnte es passieren, dass sie statt des richtigen Weges einen „Holzweg“ erwischten, der nur dazu da war, geschlagenes Holz abzutransportieren. Dieser Weg war also eine Sackgasse, die mitten im Wald – am Holzplatz – endete. Die armen Reisenden hatten sich ver- und geirrt!

Tipp

Eine tolle Ergänzung dieses Weges für Kinder ab dem Grundschulalter ist die Sammlung historischer Waldgeräte im Kutscherhaus im benachbarten Klosterreichenbach direkt gegenüber der Kirche. Die Waldgeräte-Ausstellung kann von Gruppen nach telefonischer Voranmeldung bei Forstwirtschaftsmeister Karlheinz Schwab (Tel. 07442 8420018 oder mobil 0172 6553236) besichtigt werden; Infos auch unter www.waldgeraete.de.

Gute Ausflugstipps für Schlecht-Wetter-Tage

Manchmal braucht man ein Ersatzprogramm. Hier einige Vorschläge (von Norden nach Süden):

Das Unimog-Museum in Gaggenau befindet sich direkt an der B 462. Infos unter www.unimog-museum.com.

Das Museum „Haus Kast – Wasser, Holz und Leben“ in Gaggenau-Hörden, auch als Flößermuseum bekannt, in der Landstraße 43; Infos unter Tel. 07224 656302 oder verein-fuer-heimatgeschichte-gaggenau-hoerden.de.

Das Besucherbergwerk „Silbergründle“ in Seebach kann nur im Rahmen einer vereinbarten Führung (ab 2 Personen) besucht werden. Anfragen an Tourist-Information Seebach Tel. 07842 9483-20 oder tourist-info@seebach.de; Infos unter www.bergwerk-seebach.de.

Der Kulturpark Glashütte Buhlbach in Baiersbronn-Obertal in der Schliffkopfstraße 46. Infos und Voranmeldung unter Tel. 07442 8414-22 oder unter www.kulturpark-glashuette-buhlbach.com.

Murgel's Spielhaus in Baiersbronn im Bildstöckleweg 32. Infos unter Tel. 07442 5460, Anfragen an murgels-spielhaus@baiersbronn.de.

Das Hauff Märchenmuseum in Baiersbronn befindet sich in der Alten Reichenbacher Straße 1. Infos unter Tel. 07442 84140 oder unter www.baiersbronn.de.

Der Indoor-Spielpark in Freudenstadt befindet sich in der Karl-von-Hahn-Straße 136. Infos unter Tel. 07441 9525199 oder unter www.kinderland-freudenstadt.de.

Das Besucherbergwerk „Heilige Drei Könige“ ist in Freudenstadt in der Straßburger Straße/B 28. Infos unter Freudenstadt Tourismus Tel. 07441 864-730 oder touristinfo@freudenstadt.de.

Das Schritt-Spiel

Und eins, und zwei …

Dieses Zähl- und Koordinationsspiel wird gespielt auf breiten und „langweiligen“ Waldwegen. Alle fassen einander an den Händen und laufen nebeneinander. Gemeinsam wird gezählt und dabei im Gleichschritt marschiert:

Und eins (bei „eins“ ist der rechte Fuß vorne) – *und zwei* – *und drei* – *und vier* (so weiter bis) … *und zwölf. Ein Hut, ein Stock, ein himmelblauer Unterrock und* (nun bleiben alle stehen),
Vorwärts (dabei macht der rechte Fuß einen angedeuteten Schritt nach vorne),
Rückwärts (dabei macht der rechte Fuß einen angedeuteten Schritt nach hinten),
Seitwärts (dabei macht der rechte Fuß einen angedeuteten Schritt zur Seite),
Ran (der rechte Fuß stellt sich wieder neben den linken),
Hacke (hochdeutsch: die Ferse; die rechte Ferse tippt auf den Boden),
Spitze (die rechte Fußspitze tippt auf den Boden),
Hoch das Bein (so wie es die Cancan-Tänzerinnen machen).

Das Spiel beginnt nun von Neuem; jetzt beginnt das linke Bein auf „eins“. Das kann man so lange spielen, bis keiner mehr „aus der Reihe tanzt“ – oder wieder ein interessanteres Wegstück kommt.

2 bis 10 km · ab 4 Jahren

Der Kniebiser Heimatpfad mit Räuberwegle

Der Kniebis, etwa 10 km westlich von Freudenstadt gelegen, ist ein bekannter Ferienort mit wunderbaren Ausblicken auf den ganzen Schwarzwald. Das Besucherzentrum direkt an der B 8 hält eine Menge Informationen zur Umgebung bereit, darunter auch über den „Kniebiser Heimatpfad", einem etwa 10 km langen Lehrpfad mit vielen Informationstafeln zu Geschichte und Waldnutzung. Dieser Weg ist in beiden Richtungen sehr gut ausgeschildert und da er rund um das Dorf Kniebis führt, kann er gut in Teilstücken gegangen werden.

Ein für kleine Kinder interessantes Teilstück des Heimatpfades ist das „Räuberwegle". Auf schmalen Pfaden geht es durch den Wald, wo man die Goldmünzen zählen kann, die der Räuber Feuerstein auf seiner Flucht verloren hat, und auf einige finstere Gesellen trifft.

Info

Startpunkt: Parkplatz am Besucherzentrum Schwarzwaldhochstraße Freudenstadt-Kniebis

GPS: 48° 28' 27" N / 008° 17' 40" O

Anfahrt: Mit dem Pkw: Über die B 500 (von Baden-Baden) oder die B 462 aus dem Murgtal oder von Süden gleich auf die B 28 bis etwa 1 km westl. vom Dorf Kniebis.

Mit der Bahn: Mit der Bahn oder Stadtbahn (S 41) bis Freudenstadt, von dort werktags mit der Buslinie 7266 oder 12 zum „Kniebis-Skistadion", am Wochenende fahren die Linien 2 oder 13.

Infos: Aktuelle Infos und Kartenmaterial über den Heimatpfad und das Räuberwegle gibt es im Besucherzentrum direkt am Parkplatz. Neben dem Besucherzentrum lädt die Kniebishütte (tägl. geöffnet; www.kniebishuette.de) zum Einkehren ein.

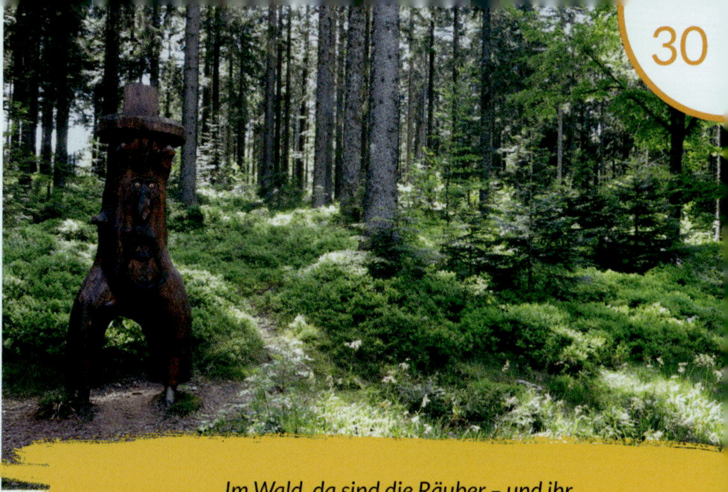

Im Wald, da sind die Räuber – und ihr könnt auch dazugehören!

Räuberwegle

Vom Besucherzentrum und dem Parkplatz überquert man die Straße und kommt zum Tor, an dem der Kniebiser Heimatpfad beginnt. Sich rechts wendend kommt man nach etwa 200 m an der Skihütte und dem Skistadion vorbei. Nach weiteren 50 m biegt der Heimatpfad nach links ab und das Räuberwegle beginnt – die zu zählenden „Dukaten" bestehen aus gelben Plättchen mit einem Durchmesser von etwa 5 cm, die an Bäumen und Felsen befestigt sind. Dem Pfad folgend passiert man nach etwa 400 m die Schatztruhe (Lösung des Dukaten-Spiels) und erreicht kurz darauf das rechts hinab führende „Wurzelwegle" (50 m). An seinem Ende kommt man auf eine größere Wegkreuzung. Geradeaus geht es zum „Ellbach-Seeblick". Zurück geht es links hinauf auf dem breiten Weg, man quert ein Teersträßchen (das sommers als Inlinerstrecke und winters als Skiloipe dient), sieht links das Skistadion und geht geradeaus weiter, bis man am „Nestle" die B 28 wieder erreicht hat.

Tipp

Wem das Räuberwegle zu kurz erscheint, der kann noch etwa 500 m zum „Ellbach-Seeblick" weiterlaufen (von dort auf dem gleichen Weg zurück zum Ende des Räuberwegles). Von der großen Holzplattform hat man tollen Blick auf den östlichen Schwarzwald und den in der Tiefe liegenden Ellbachsee. Und wem der Blick nicht ausreicht, der kann knapp 1 km auf schmalem, steinigem Pfad (blaue Raute – nicht barrierefrei!) zum See hinunter und dann wieder hinaufsteigen. Sehr steil!

5 km ab 5 Jahren

Der Wildpfad am Kniebis

Dieser sehr schön angelegte Pfad führt abwechslungsreich auf und ab – unterwegs warten die eisernen Skulpturen der einheimischen Wildtiere auf ihre Besucher. Ihre Spuren sind auf Metallbändern abgebildet, sonst gibt es aber keine Informationen über die Tiere – wer mehr wissen will, muss selbst recherchieren. Die Tiere stehen oder sitzen z. T. recht versteckt: man muss also schon etwas suchen! Hier der Reihe nach die Tiere als Hilfestellung: Hase, Insekten, Libelle, Hirsch, Reh, Wildschwein, Specht, Eidechse, Eule (mit Aussichtsturm), Wolf und Bär, Wiesel, Auerhahn, Eichhörnchen …

Der Weg beginnt rechts vom Besucherzentrum und ist mit dem Symbol einer Bärentatze gut beschildert. Achtung: der Weg nutzt andere Wege und Pfade, es gibt häufige Richtungswechsel, also gut auf die Beschilderung achten! Über die Skiwiese geht es hinab und dann rechts kurz über ein Teesträßchen hinauf. Wieder im Wald erreicht man einen wunderschönen Moorteich, in dem man baden

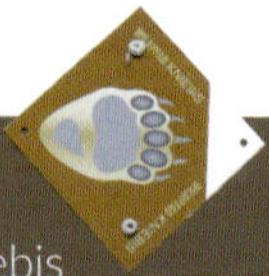

Info

Startpunkt: Parkplatz am Besucherzentrum Schwarzwaldhochstraße Freudenstadt-Kniebis

GPS: 48° 28' 27" N / 008° 17' 40" O

Anfahrt: Mit dem Pkw: Über die B 500 (von Baden-Baden) oder die B 462 aus dem Murgtal oder von Süden gleich auf die B 28 bis etwa 1 km westl. vom Dorf Kniebis.

Mit der Bahn: Mit der Bahn oder Stadtbahn (S 41) bis Freudenstadt, von dort werktags mit der Buslinie 7266 oder 12 zum „Kniebis-Skistation", am Wochenende fahren die Linien 2 oder 13.

Infos: Die Kniebishütte (tägl. geöffnet; www.kniebishuette.de) mit großer Holzterrasse lädt zum Einkehren ein.

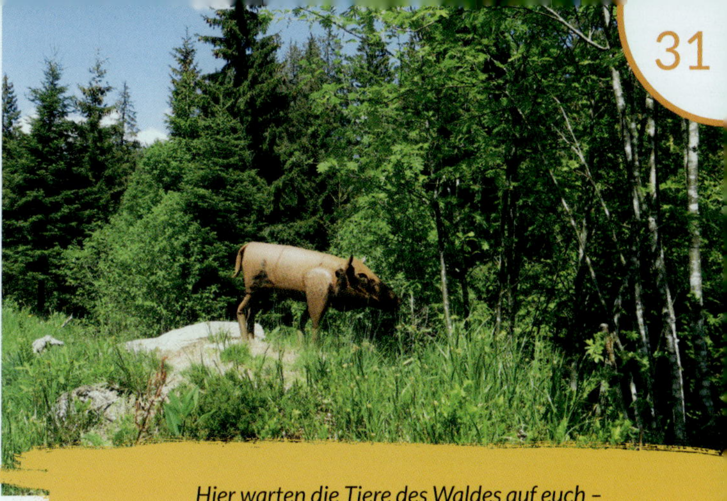

Hier warten die Tiere des Waldes auf euch – und ihr könnt ihre Spuren lesen lernen!

kann. Hinauf und dann links ein ganzes Stück auf einem breiten Weg hinab geht es zum kleinen Stausee, den man auf schmalem Pfad links umrundet. Nach dem See geht es links einen Wiesenweg aufwärts und man erreicht die Landstraße L 96 (Achtung: hier Kinder und Hunde festhalten!). Schräg gegenüber geht es weiter hinab und am Ortsrand von Kniebis über Wiesen und durch Waldstücke auf meist schmalen Pfaden. Man erreicht den Torbogen mit dem Grenzstein zwischen Württemberg und Baden und geht gerade über die anschließende Kreuzung hinweg auf schmalem Pfad weiter. Der Weg endet auf einem asphaltierten Fußweg unweit der B 28. Hier geht es links und dann rechts auf dem Bürgersteig weiter parallel zur großen Straße, bis man die Kniebishütte und das Besucherzentrum erreicht.

Eine Frage: Wie nennt man die Füße von Tieren? Hufe, Pfoten, Tatzen …

Tipp

Im Hochsommer ist der Moorteich mit den Parkbänken und der Liegefläche ein wunderbarer Badeplatz. Nach der Wildpfad-Runde also die Badesachen aus dem Auto holen und die 500 m über die Skiwiese und das Waldstückchen zum Teich und ein gesundes Moorbad nehmen!

2 bis 5 km · ab 4 Jahren

Der Glaswaldsee bei Bad Rippoldsau-Schapbach

Dieser versteckt im Wald liegende Karsee ist einer der schönsten Seen des Schwarzwaldes. Der naturbelassene See mit sehr moorig-dunklem Wasser verspricht Badespaß und Wasserspiel – wahlweise am steinig-sonnigen Uferabschnitt oder eher im Schatten der dichten Tannen. Das Baden ist nicht ausdrücklich erlaubt, wird aber geduldet. Hier können Kinder auch Waldhütten bauen, Zapfen-Schiffchen sammeln, Grassuppe kochen …

Vom Parkplatz aus folgt man zunächst 300 m weiter dem breiten Waldweg und biegt kurz hinter der Spitzkehre rechts aufwärts ab. Es geht steil bergauf, bis man nach weiteren etwa 700 m den See erreicht hat. Im Hochsommer ist es hier, v.a. im dichten Schatten an der Nordseite des Sees, herrlich kühl. Auch wenn alles mühsam 1 km hinaufgetragen werden will, sieht man

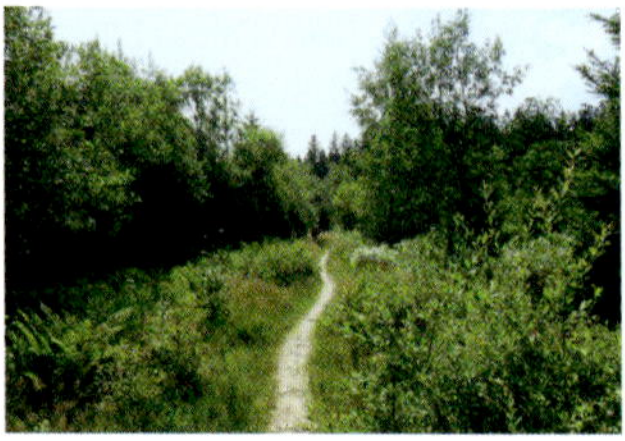

Info

Startpunkt: Parkplatz am Ende von Glaswald

GPS: 48° 25' 33" N / 008° 16' 30" O

Anfahrt: Mit dem Pkw: Von der L96 (zwischen Freudenstadt/Kniebis und Wolfach) geht es auf der Hälfte zwischen den Ortskernen von Bad Rippoldsau bzw. Schappach (je 3 km) an der Bushaltestelle „Vorseebach" eine kleine Straße hinauf Rcht. Westen; der Glaswaldsee ist hier ausgeschildert. Von diesem Punkt sind es etwa noch 5 km bis zum Parkplatz, an dem die Fahrstraße endet.

Mit Bus und Bahn kommt man hier nicht hin.

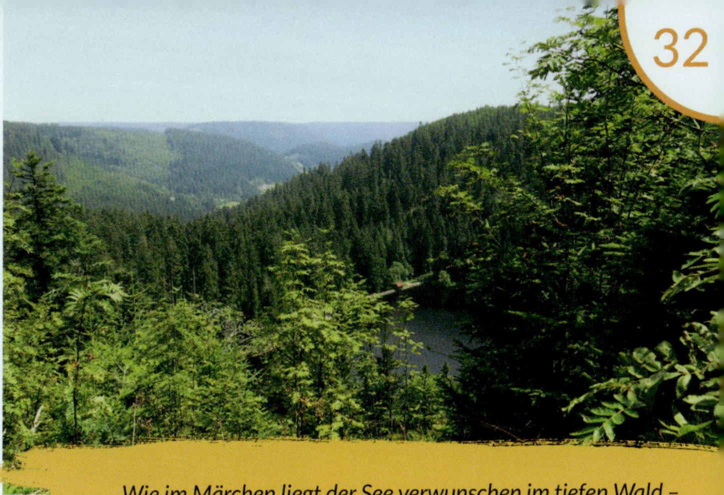

Wie im Märchen liegt der See verwunschen im tiefen Wald – hier will niemand mehr weg!

ab und an auch Liegestühle oder Luftmatratzen – wirklich voll wird es aber selten.

Für Wanderfreudige: Der knapp 1 km lange Pfad um den See herum ist nicht barrierefrei, ebenso wenig der vom linken Seeufer hinaufführende Pfad, der nach einem Anstieg von etwa 1 km auf die aussichtsreiche „See-Ebene" führt. Dort trifft man auch auf den Westweg (rote Raute); ihm etwa 500 m nach Norden folgend erreicht man eine Stelle mit einem schönen Ausblick auf den See hinunter.

Tipp

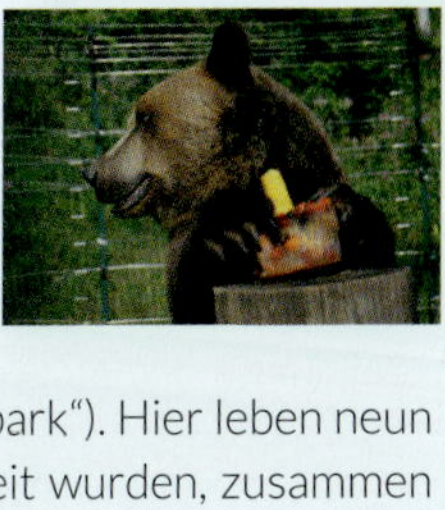

Ein wirkliches Waldtier-Erlebnis bietet der alternative Wolf- und Bärenpark etwas nördlich von Bad Rippoldsau-Schapbach direkt an der L 96 (GPS: 48° 25' 33" N / 008° 16' 30" O) – mit dem Bus erreichbar wie Tour 33 (s. Seite 80; Haltestelle „Bärenpark"). Hier leben neun Bären, die aus schlechter Haltung befreit wurden, zusammen mit drei Wölfen in einer großen Freianlage. Ein 2 km langer Rundweg mit Infotafeln führt um das Gelände, sodass man die Bären immer gut zu sehen bekommt – die Wölfe verstecken sich gerne und sind im dichten Unterholz oft nicht auszumachen. Hunde an der Leine sind auf dem Gelände erlaubt, ein Förderverein bietet kleine Gerichte und Getränke an. Infos unter www.baer.de oder Tel. 07839 910380.

3,5 km · ab 5 Jahren

Der Burgbachwasserfall im Wolftal

Mit 15 Meter freier Fallhöhe und einer Gesamthöhe von 32 Metern ist der Burgbachwasserfall einer der schönsten und höchsten Wasserfälle des Nordschwarzwaldes. Außerdem geht es auf den Burgbachfelsen mit einem Aussichtspavillon und einem sehr idyllischen Rastplatz.

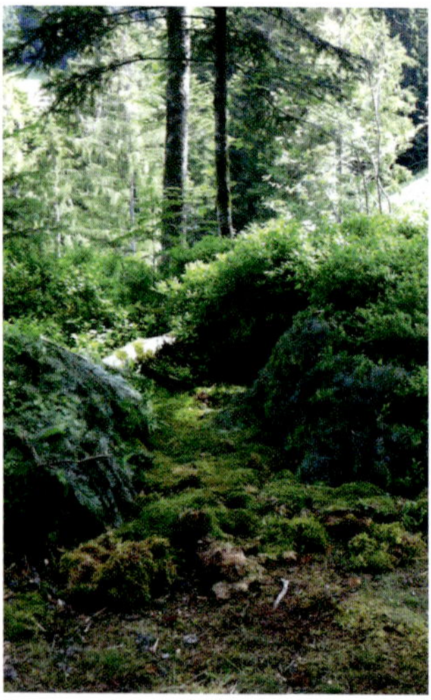

Vom Parkplatz überquert man die „Wolf" – ja, so heißt der Bach! – und wendet sich am Wegpunkt „Burgbachbrücke" nach rechts. Über einen Waldpfad kommt man nach 400 m zum Wegpunkt Moosgrund und

Info

Startpunkt: Wanderparkplatz „Vor Burgbach"

GPS: 48° 24' 48" N / 008° 19' 43" O

Anfahrt: Mit dem Pkw: von Norden in Kniebis von der B 28 bzw. von Süden bei Wolfach von der B 294 jeweils auf die die L 96 einbiegen und bis zum Parkplatz „Vor Burgbach" zwischen Bad Rippoldsau und Schapbach fahren.

Mit Bus und Bahn: Mit der S 41 bis Freudenstadt, dann mit der Buslinie 7266 oder am Wochenende Freizeitbus 13 Rcht. Schapbach. Oder von Offenburg mit der Bahn bis Wolfach, dann weiter mit der Buslinie 7266 oder am Wochenende Freizeitbus 13 Rcht. Kniebis; Bushaltestelle „Burgbach Abzweigung".

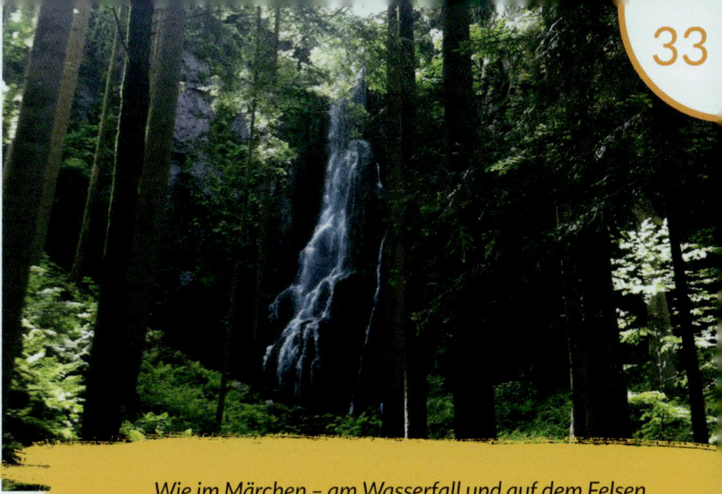

Wie im Märchen – am Wasserfall und auf dem Felsen wimmelt es von Elfen, Feen und Kobolden!

steigt hier links 100 m zum Wegpunkt „Am Schrofen" hoch. Wieder links geht es gut 1 km zum Wasserfall hinauf. Von dort weiter erreicht man nach etwa 100 m den Burgbachfelsen, und über steile Stufen geht es hinauf: links zum Aussichtspavillon und rechts zu einer kleinen Ebene auf dem Felsen, die sich wunderbar zum Spielen und Verweilen eignet. Entweder über den schmalen, sehr steilen Pfad oder aber über die Treppen wieder hinab geht es anschließend knapp 100 m über ein Wiesenstück hinauf zu einem Teersträßchen und dem etwas oberhalb liegenden Wegpunkt „Bildstöckle Felsen". Etwa 1,5 km auf dem Teersträßchen hinabgehend, kommt man wieder zum Parkplatz. Oder man geht zum Wasserfall zurück, biegt kurz dahinter rechts ab und landet nach etwa 700 m auf dem Teersträßchen, da sind es dann nur noch etwa 300 m abwärts. Diese Variante ist aber (im Bereich zwischen Felsen und Wasserfall) ziemlich rutschig und steil.

Tipp

Die Mineralienhalde Clara in Wolfach-Kirnbach bietet Groß und Klein spannende Einblicke in die Welt der Mineralien. Etwa 400 verschiedene Mineralien werden in der Grube Clara gefördert und jeden Tag landet neues Gestein auf der Halde in Kirnbach. Hier können Familien mit Kindern auf die Suche nach seltenen Mineralien gehen – die Halde ist kindgerecht eingerichtet. Weitere Infos unter www.mineralienhalde.com.

Waldspiele

Hält man sich im Wald für längere Zeit an einem Fleck auf (für ein Picknick oder eine längere Rast), gibt es eine Reihe von schönen Spielmöglichkeiten.

Das Waldtelefon (ab zwei Kindern)

Wie verständigen sich Tiere, die in Baumhöhlen leben und die einander z. B. vor Gefahren warnen wollen? Mit einem Waldtelefon natürlich. Dazu benötigt man nicht mehr als einen Baumstamm. Ein langer gefällter oder umgestürzter Baumstamm wird zum Telefon: Dazu klopft eine/r an einem Ende mit einem Stein oder Stöckchen auf den Stamm, während der/die andere am anderen Ende das Ohr an den Stamm hebt und mitzählt. Sind alle Klopfzeichen angekommen?

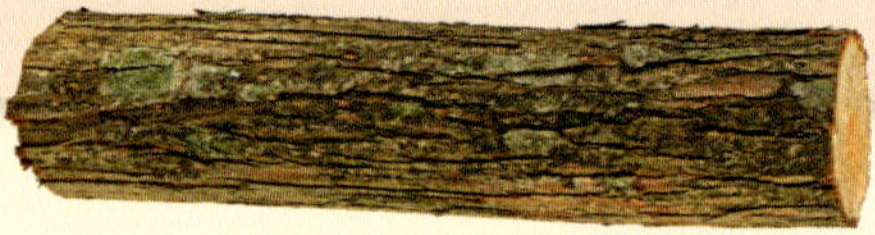

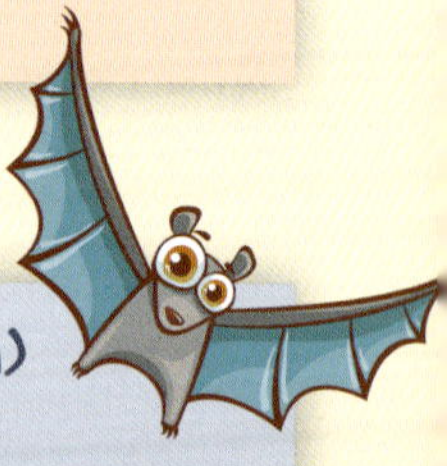

Fledermaus auf Jagd (für grössere Gruppen)

Die Kinder fassen sich an den Händen und bilden einen Kreis. Zum Einstieg wird erklärt, mit welcher Technik Fledermäuse auf die Jagd nach Insekten gehen (Echolot). Die Gruppe bestimmt eine „Fledermaus“ und einen „Nachtfalter“. Die Fledermaus muss nun innerhalb des Kreises mit verbundenen Augen versuchen, den Falter mithilfe ihres „Echolots“ zu fangen. Dafür ruft sie „Fledermaus“ und der Nachtfalter muss mit „Falter“ antworten – dieser Ruf stellt das Echo dar. Es ist wichtig, dass die anderen Kinder ganz still sind und die Fledermaus auf ihrer Jagd nicht stören. Sobald der Falter gefangen ist, wird gewechselt. Es können auch gleich mehrere Falter ausgewählt werden.

Das Holzfäller-Spiel (für grössere Gruppen)

Zuerst wird ein Bereich, in dem sich die Kinder aufhalten dürfen, festgelegt. Er sollte nicht weiter als etwa 50 m vom Ausgangspunkt entfernt sein. Die Hälfte der Gruppe versteckt sich und stellt Bäume dar, die gefällt werden müssen. Die anderen – die Holzfäller – machen sich nach einer vorgegebenen Zeit auf die Suche nach den „Bäumen". Sobald einer gefunden worden ist, wird die ganze Gruppe zusammengerufen, um diesen zu fällen und zum Ausgangspunkt zu transportieren. Nach rund zehn Minuten werden die „gefällten Bäume gezählt" und die Rollen getauscht. Bei Familienausflügen können die Eltern ihre „kleinen Bäumchen" suchen und ohne den Partner „fällen".

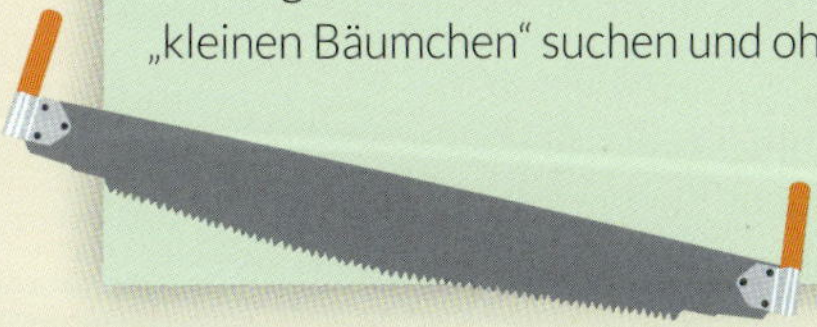

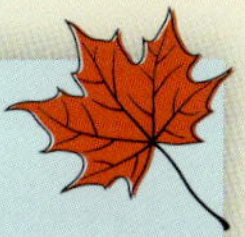

Die Waldkünstler (ab zwei Kindern)

Mithilfe verschiedener Waldmaterialien werden Kinder zu Waldkünstlern. Dafür wird ein ebener Platz, möglichst mit Waldboden oder kurzem Gras, als späterer Treffpunkt ausgewählt. Dann werden die Vorgaben besprochen: Wie lange wird Material gesammelt? Wie weit entfernt? Welche Figur soll später entstehen? Jede/r Teilnehmer/-in zieht los und sammelt, was er/sie finden kann.

Anschließend kommen alle zum Treffpunkt zurück und bilden einen Kreis. Der Reihe nach erzählt nun jede/r, wo und was er/sie gefunden hat und legt das Material in die Mitte des Kreises.

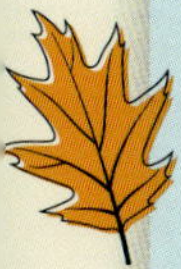

Mit Rindenstücken, Tannenzapfen, Ästchen, Blättern, Steinen, Moosen oder Flechten usw. entsteht so nach und nach die Silhouette eines Baumes oder eines Tieres.

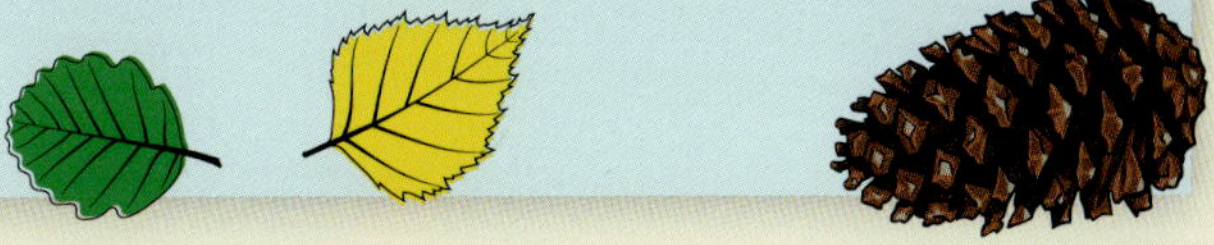

500 m bis 5 km ab 4 Jahren

Lossburger Zauberland und Vogteiturm

Das Loßburger Zauberland – mit mehreren Naturerlebnispfaden – befindet sich im ehemaligen Kurgarten Loßburgs und an der ganz jungen Kinzig bachaufwärts. Auf der 500 m langen Wassererlebnisrunde begleitet Wassertropfenmädchen „Winnie" die Kinder. Im sehr schön gestalteten Park und auf dem weiteren Weg gibt es eine Reihe von Attraktionen zu entdecken: eine Duftspirale (zur Blütezeit), zahlreiche Wasserspiele, einen Märchenpfad, einen Niederseilgarten, eine Himmelsleiter, ein Baumhaus …

Die 5 km lange „Augenblickrunde Loßburg Vogteiturm" führt vom Kurgarten aus an der Kinzig entlang über den Kinzigsee und zur Kinzigquelle. Über den Waldlehrpfad kommt man schließlich zum Vogteiturm, der einen schönen Rundum-Ausblick auf die Umgebung bietet. Zurück geht es durchs Dorf und über einen Wiesenpfad ins

Info

Startpunkt: Parkplatz unterhalb des Freibads von Loßburg

GPS: 48° 24' 39" N / 008° 26' 45" O

Anfahrt: Mit dem Pkw: In Loßburg von der B 294 nach Westen auf die Schömberger Straße (K 4777) abbiegen; nach dem Ortsschild liegt der Parkplatz auf der linken Seite. Der ehemalige Kurgarten liegt auf der gegenüberliegenden Straßenseite.

Mit Bus und Bahn: Mit Bahn oder S-Bahn (Freudenstadt–Offenburg) nach Loßburg; dann etwa 1 km zu Fuß zum Freibad: nach Süd-Westen in die Bahnhofstraße, die B 294 queren und in die Untere Schulstraße, geradeaus in den Buchenweg und weiter direkt in den Kurgarten.

Infos: In der Loßburg Information, Hauptstr. 46, gibt es das Pixi-Büchlein „Winnie"; weitere Infos unter www.lossburg.de, dort unter „Zauberland Lossburg".

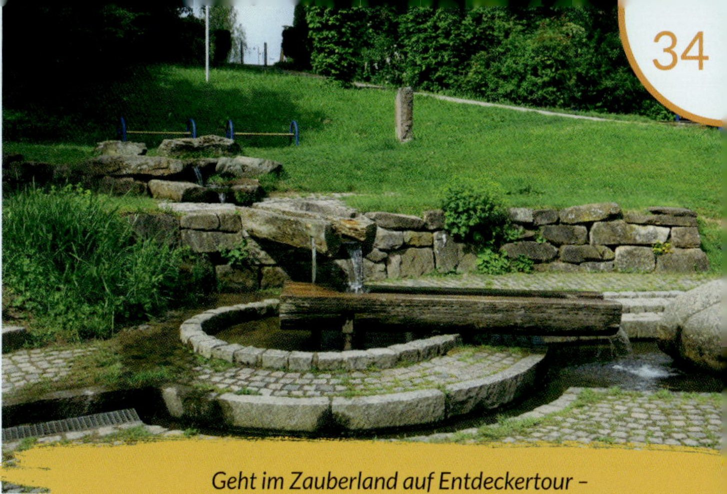

Geht im Zauberland auf Entdeckertour – ihr werdet begeistert sein! Fragt auch nach Rosalie, der Eichelhäherdame!

Zauberland – wo noch einmal einige Runden zum Spielen, Toben und Entdecken eingeplant werden sollten. Auch am Bach kann im Schatten wunderbar geplanscht werden.

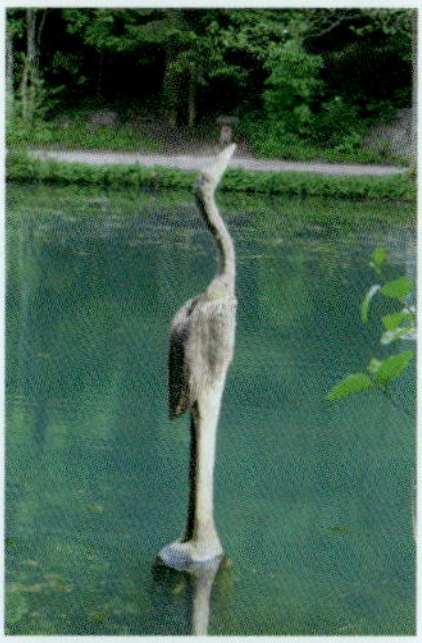

Besonders erwähnenswert: Im Kurgarten gibt es einen Sanitärraum mit Toiletten, Wickelkommode, Schließfächern und der Möglichkeit, schmutzige Kinder zu säubern!

Dringend zu empfehlen: Handtücher und Ersatzkleidung einpacken!

Tipp

Ein ähnlich schönes Erlebnis bietet der Barfußpark in Dornstetten-Hallwangen (GPS: 48° 29' 30" N / 008° 29' 45" O). Auf einer Strecke von etwa 2,5 km Länge (die Abkürzung ist 1,4 km lang) kann man an verschiedenen Stationen ganz unterschiedliche Untergründe erleben: Steine, Holz, Moos, Lehm, Matsch – und sogar Glas oder Nägelköpfe! Die Nutzung des Pfades ist kostenfrei, um Spenden wird gebeten; Hunde sind nicht erlaubt; weitere Infos unter www.barfusspark.de.

4 km · ab 6 Jahren

Der Plenterwald-Pfad in Freudenstadt

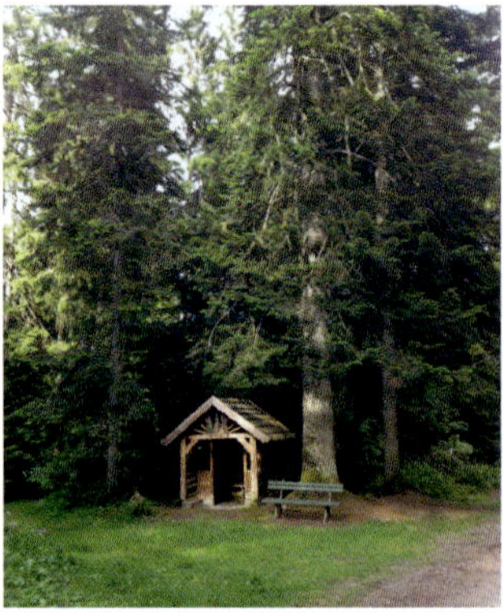

Diese kleine Tour ist auch für Erwachsene sehr lehrreich: Es geht um die Waldbewirtschaftung des Plenterwaldes – hier wird sukzessive der Mischwald verjüngt, sodass ein parkähnlicher Wald ohne Rodungsflächen entstanden ist. Auf elf Stationen erfährt man Wissenswertes über diese besondere Waldform und darüber, welche Vorteile eine solch naturnahe

Info

Plenterwald Pfad

Startpunkt: Waldparkplatz vor dem Hotel am Zollernblick

GPS: 48° 26' 52" N / 008° 25' 47" O

Anfahrt: Mit dem Pkw: Der Parkplatz liegt an der Lauterbadstraße (L 460) etwa 2 km südöstlich vom Stadtzentrum Freudenstadt. Von der B 294 nach Westen auf die L 460 abbiegen; oder – von Westen kommend – von der B 28 am Besucherbergwerk vorbei und nach etwa 400 rechts Rcht. Loßburg auf die L 460 einbiegen.

Mit Bus und Bahn: Bis Freudenstadt mit der Bahn oder S-Bahnlinie 41, dann z. B. mit der Buslinie 31 bis zur Bushaltestelle „Lauterbad, Zollernblick". Oder vom Bahnhof Freudenstadt etwa 2 km zu Fuß, dann orientiert man sich am Friedrichsturm und beginnt quasi mit dem Rückweg.

Infos: Einkehrmöglichkeiten bieten das Café am Friedrichsturm und das Waldhotel am Zollernblick unweit des Parkplatzes.

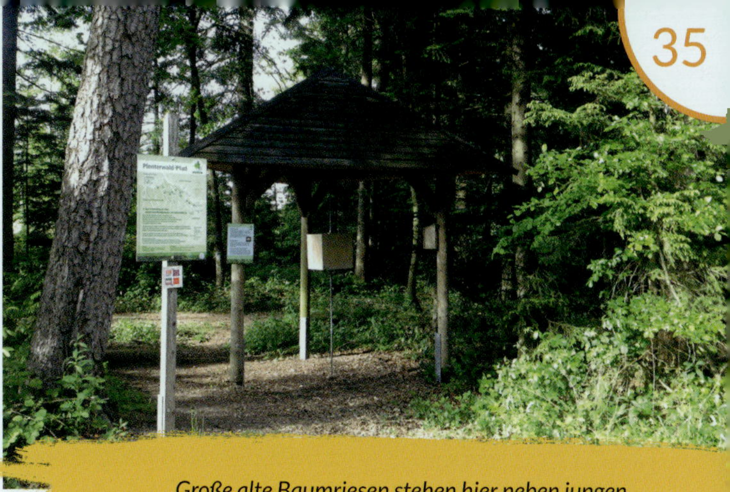

Große alte Baumriesen stehen hier neben jungen Schösslingen – auch bei Bäumen gibt es Großfamilien!

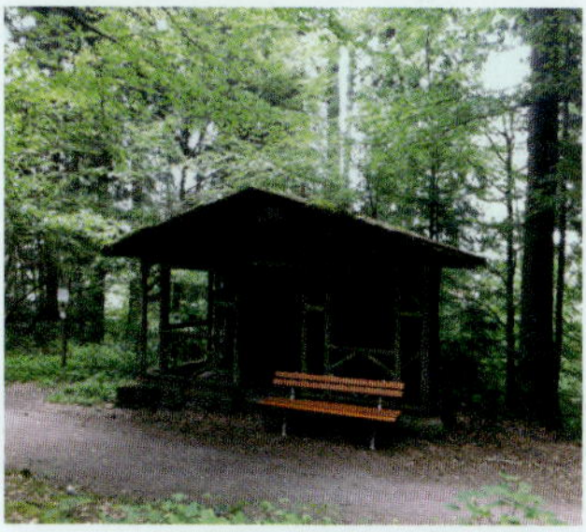

Forstwirtschaft hat. Einige alte Baumriesen werden gar nicht mehr gefällt, sondern zeigen den natürlichen Alterungsprozess eines Baumes, der – je nach Art – mehrere hundert Jahre alt werden kann.

Der gut beschilderte Rundweg führt auf Waldwegen und schmalen Pfaden bis zum Friedrichsturm (Station 10), wo es ein Café gibt. Dann geht es zurück zu Station 9 und von dort über Station 11 zurück. Es gibt eine barrierefreie Alternativstrecke, die allerdings einige Stationen auslässt und auch nicht ausgeschildert ist. Diese führt über den Oberen Palmenwaldweg hin und über den Unteren Palmenwaldweg zurück.

Tipp

Für etwas Ältere ist auch der Erlebnispfad „Wasserleben" im Christophstal, einem Ortsteil Freudenstadts, interessant. Hier geht es um die Nutzung der Wasserkraft in früheren Zeiten. In einer Art „wanderbarem Museum" können Mühlen, Schmieden, Hammer- und Sägewerke etc. auf dem 6 km langen Rundweg, der vom Marktplatz Freudenstadts aus hinunter ins idyllische Christophstal und zurück führt, besichtigt werden.

3 km — ab 4 Jahren

Der Naturerlebnispfad Freudenstadt

Diese kleine Entdeckertour ist eine Tour für alle Sinne und wegen der Kürze des Weges auch schon etwas für wirklich kleine Kinder. Es gibt sowohl Infotafeln als auch Spiel- und Erlebnisstationen. Da geht es darum, Vogelstimmen und Geräusche zu hören, Humus zu riechen, Blätter und Nadeln zu erkennen, Baumrinden sowie Früchte und Zapfen zu fühlen. Der Pfad führt über breitere Waldwege und schmale Wurzelpfade und ist durchgehend beschildert. Es gibt einen Barfußpfad, ein Baumtelefon sowie ein Holzxylophon. Auf der Hälfte des Weges liegt ein Spielplatz mit Grillstelle und Hütte, ein Kinderhochsitz mit im Wald versteckten Tiersilhouetten und das Reich der Düfte runden das kleine Walderlebnis ab.

Eine Stelle nach rund 1,5 km bedarf der Erklärung: Man erreicht einen kleinen Parkplatz und geht zunächst geradeaus einen schmalen Pfad ins „Reich der Düfte". Dann erreicht man die Fußgängerbrücke, biegt vor ihr links ab (hier befindet sich ebenfalls eine „Start-

Info

Startpunkt: Parkplatz „Hüttenteich"

GPS: 48° 28' 55" N / 008° 23' 58" O

Anfahrt: Mit dem Pkw: Der Parkplatz liegt an der Wildbader Straße (L 405) etwa 2 km nördlich vom Stadtzentrum Freudenstadt. Von der B 294 nach Westen auf die parallel verlaufende L 405 abbiegen; oder von der B 28 im Stadtzentrum Rcht. Krankenhaus der L 405 folgen.

Mit Bus und Bahn: Bis Freudenstadt mit der Bahn oder S-Bahnlinie 41, dann etwa 2 km mit der Buslinie 7780 oder 7787 bis zur Bushaltestelle „Nordstadt"; von hier auf die Fußgängerbrücke und die Tour an der zweiten „Starttafel" (s. Beschreibung oben) beginnen.

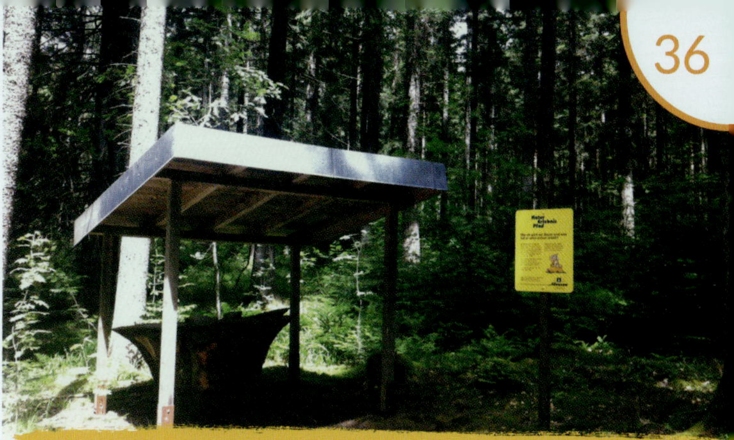

Wer muss den Wald schützen und achten? Wir alle! – Wer ist im Wald willkommen? Wir alle!

tafel") und erreicht wiederum den Parkplatz, wo man sich nach rechts wendet. Die schmalen Passagen des Weges können übrigens mit dem Kinderwagen auf den breiten Waldwegen umfahren werden – aber dann verpasst man einiges!

Tipp

- Ein Paradies für Feriengäste und ein ganz besonderer Platz ist der „Naturcamping Langenwald". Etwa 4 km westlich von Freudenstadt am idyllischen Forbach gelegen, bietet das große und abwechslungsreiche Gelände schöne Stell- und Zeltplätze, dazu kleine Blockhäuser und Ferienwohnungen. Kinder können am Bach spielen, den kleinen Pool nutzen, einen Naturpfad erleben – hier wird es nicht langweilig! Dass sich ein gehobener Standard und Naturerleben sehr gut vereinbaren lassen, zeigt dieser empfehlenswerte Platz. Im Juli und August ist viel los, dann unbedingt vorher reservieren! Infos unter www.camping-langenwald.de.
- Für Regentage geeignet ist die „Experimenta", ein Erlebnis-Museum in Freudenstadt. Diese Ausstellung zum Mitmachen und Ausprobieren umfasst Experimente aus Physik, Natur und Technik. Unter dem Motto „sehen – staunen – verstehen" können hier Groß und Klein Phänomene des täglichen Lebens und der Natur entdecken und erleben. Die Experimenta liegt in der Musbacher Straße 5 in der Nähe des großen Marktplatzes. Das Gebäude ist leider nicht barrierefrei. Infos unter www.experimenta-freudenstadt.de.

Checkliste für ein gelungenes Walderlebnis

Manche gehen nur mit einem Fünf-Euro-Schein los, andere packen lieber den halben Hausrat ein. Suchen Sie sich aus, was Sie wirklich brauchen und ergänzen Sie, wenn nötig. So können Sie vor jeder Tour einen kurzen „Check" machen.

- Rucksack (besser als Umhängetaschen, weil man die Hände zum Klettern frei hat)
- Handy, Geldbeutel, irgendeine Art von Ausweis, z.B. Krankenversicherungskarte
- Eine Wanderkarte oder gute Straßenkarte der Region
- Ausreichend Kleidung, auch Regenjacken (auf den Schwarzwaldhöhen ist es gerade im Frühjahr und Herbst deutlich kälter als z.B. in der Rheinebene)
- Getränke (Wasser, Tee oder verdünnte Fruchtsäfte sind besser als süße Limonaden, die den Durst nicht löschen)
- Proviant (z.B. Brote, Gemüse wie Karotten, Gurken oder Paprika in Streifen, kleingeschnittenes Obst oder auch Kekse – aber besser ohne klebrige Schokolade)
- Snacks und „Trösterchen" (Traubenzucker, Trockenobst, Nüsse, Früchteriegel, „Studentenfutter"*; Süßigkeiten wie Bonbons, Gummibärchen und Schokolade machen meist viel Durst)
- Plastiktüten oder Stofftaschen sowie ein Taschenmesser (wer weiß, was man alles findet?)
- Ein langes Seil, das kann ein Springseil sein oder eine Hundeleine oder … damit kann man Pferdchen oder Hund spielen, Kinder können Äste zusammenbinden oder …
- Taschentücher oder eine Rolle Toilettenpapier, u.U. ein kleines Handtuch

* Rosinen und verschiedene Nüsse; bei der Luxusvariante gibt es zusätzlich kleine Bitterschokoladestücke – sehr energiereich!

- Eine Wanderapotheke (s. Seite 92) und individuell benötigte Medikamente
- Eine Rettungsdecke aus Gold-Silber-Folie (notfalls auch als Regenschutz oder Unterlage zu gebrauchen)
- Bei kühlem Wetter: Sitzkissen aus Isomatten o. Ä. und Ersatzsocken
- Bei Sonnenschein: Sonnenhut und Sonnencreme
- Für Badespaß: Badehose oder -anzug, Wassersandalen, Handtuch, Plastiktüte (für die nassen Klamotten später), u. U. Schwimmflügel oder -reifen, kleiner Eimer, Schaufel, Förmchen etc.
- Wenn es nass werden könnte: zumindest für kleinere Kinder Ersatzklamotten, insbes. Hosen und Schuhe

- ______________________________
- ______________________________
- ______________________________

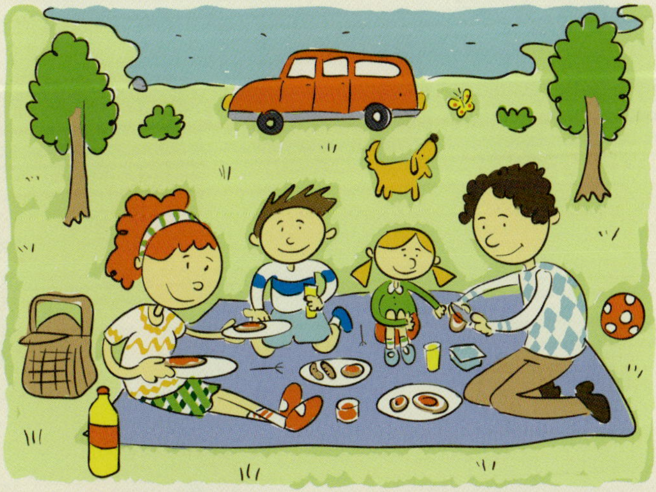

Checkliste: Entdecker-touren-Apotheke

Eine „Wander-Apotheke“ unterscheidet sich von einer normalen „Reise-Apotheke“: Die typischen Unannehmlichkeiten im Wald sind Insektenstiche, Schürfwunden oder Verstauchungen – bei Bauchschmerzen oder gar Fieber wird man schleunigst den Heimweg antreten. Daher haben wir eine kleine Liste – mit schulmedizinischen sowie homöopathischen Mitteln – zusammengestellt, die bei Verletzungen hilfreich sein kann (natürlich können wir keinerlei Garantie für Vollständigkeit, Wirkungsweise, Nebenwirkungen oder Ähnliches übernehmen!) und die auch für die Anwendung bei kleinen Kindern geeignet ist.

Die „Hardware“:

- Wasserfeste Pflaster unterschiedlicher Größen (Kinder mögen solche mit lustigen Motiven drauf)
- Sterile Kompressen
- Elastische Fixierbinden mit Verschlüssen
- Klebepflasterrolle („Leukosilk“ o. a. Klebe- und Fixierband)
- Kleine (Nagel-)Schere
- Zeckenzange o. Ä.
- Ein großes Stofftaschentuch o. Ä., das – nass gemacht – beim Kühlen und Abschwellen hilft

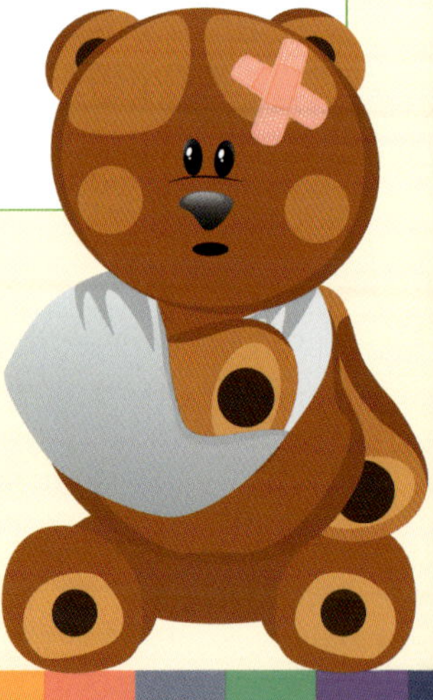

Traubenzucker oder andere „Trösterchen" haben ebenfalls große heilende Wirkung!!!

Unsere persönliche Auswahl hilfreicher Mittel:

- Globuli „Arnica D 30" – erstes und wichtigstes Mittel bei Verletzungen und Entzündungen
- Globuli „Hypericum D 12" – gegen Quetschungen, Verstauchungen, Stiche und Bisse
- Herkömmliche Jodsalbe, wie z. B. Betaisodona, oder „Schwedenkräuter" – mit ähnlichen Eigenschaften wie Jodtinktur: zur Reinigung und Erstversorgung offener Wunden
- Sprühpflaster zur Desinfektion oder – homöopathisch – Calendula-Essenz von Weleda, ebenfalls zur Versorgung offener Wunden; diese kann auch zur Spülung nach einem Insektenstich im Mund verwendet werden (enthält aber 50 Vol.-% Alkohol, also nicht schlucken!)
- Arnica-Salbe von Weleda, 10 %, oder Traumeelsalbe – bei Prellungen, Verstauchungen, Blutergüssen, Quetschungen und Zerrungen, also allen Verletzungen ohne offene Wunden
- Brand- und Wundgel, wie z. B. Fenistil-Salbe oder das kühlende Bepanthen-Schaumgel, sowie das homöopathische Combudoron®-Gel von Weleda: bei Insektenstichen, Sonnenbrand und leichten Verbrennungen oder Verbrühungen
- Bei allergischen Reaktionen: Fenistil-Tropfen oder das Heuschnupfenspray von Weleda – das hilft nicht nur bei Heuschnupfen, sondern auch bei anderen allergischen Reaktionen (z. B. auf Insektenstiche) der Luftwege

Die Anwendung von homöopathischen Globuli: Kleinkinder bekommen 3 Globuli, Kinder ab 6 Jahren und Erwachsene 5 Globuli etwa alle halbe Stunde, max. 10- bis 15-mal.

Register

Bildnachweise

© shutterstock.com: Icons (Alexandr III, Visual Idiot, gst, SIM VA, Bryan Solomon, Bryan Solomon, VoodooDot, LDDesign), U1 (Angela Waye), U3 (MaxyM), U4 (Yuliya Evstratenko), S. 18 (Andrea Agrati), S. 31 (mhatzapa, judilyn), S. 42–43 (Matthew Cole), S. 59 (Mariiii, fimka), S. 63 (1eyeshut), S. 72 (Vitaly Art), S. 82–83 (Coprid, josefauer), S. 91 (Milen), S. 92 (Allies Interactive); **© fotolia.com:** Icon (korurumod), S. 73 (snyggg.de), S. 82–83 (Natali Snailcat, Ellie Nator, nikiteev); **© Ralf Bürglin, Stiftung für Bären:** S. 79; **© Baden-Baden & Kur Tourismus GmbH:** S. 10